Lotte Bormuth

Der Brötchentüten-missionar

francke

Über die Autorin:
Lotte Bormuth ist eine der erfolgreichsten christlichen Autorinnen Deutschlands. In bald über 100 Titeln hat sie mit Lebensbildern und eigenen Erlebnissen vielen Menschen Trost, Freude und Glaubensmut vermittelt. Sie hat fünf Kinder, 17 Enkel und einen Urenkel und lebt mit ihrem Mann in Marburg.

Bibliografische Information Der Deutschen Bibliothek
Die Deutsche Bibliothek verzeichnet diese Publikation in der Deutschen Nationalbibliografie;
detaillierte bibliografische Daten sind im Internet über http://dnb.ddb.de abrufbar.

ISBN 978-3-86827-495-0

35037 Marburg an der Lahn
Umschlagbilder: © shutterstock.com /
Constantine Pankin; Dziobek
Umschlaggestaltung: Verlag der Francke-Buchhandlung Gmb
Christian Heinritz
Satz: Verlag der Francke-Buchhandlung GmbH
Printed in Czech Republic

www.francke-buch.de

Inhaltsverzeichnis

Queen Mary – Rettung in größter Not

Es war ein abenteuerliches Unternehmen, das sich Mylene Parquette vorgenommen hatte. Mit ihrem sieben Meter langen Motorboot wollte sie von Halifax in Kanada bis nach Frankreich über den Ozean fahren. Aber ihre Reise wurde nicht vom Glück überstrahlt. 83 Tage war sie schon auf See, sah keine anderen Schiffe und dadurch auch nie einen anderen Menschen. Nur Wasser, hohe Wellen und heftige Winde waren ihre Begleiter. Plötzlich kam ein schrecklicher Sturm auf, wie sie ihn noch nie erlebt hatte. Das Boot wurde hin und her gerissen und sehr weit von der geplanten Fahrtroute abgetrieben. Mylene wurde sich bewusst: „Wenn jetzt keine Hilfe von oben kommt, bin ich verloren, hoffnungslos verloren."

Angst überfiel sie, und sie wusste sich dem Tode auf hoher See ausgeliefert. Sie verlor Zeit, viel Zeit, und aus eigener Anstrengung konnte sie ihr Ziel nie und nimmer erreichen. Ihre Vorräte gingen zur Neige, und vor allem quälte sie der Durst. In ihrer großen Verzweiflung schrie sie zu Gott. Nur er konnte sie aus den mächtigen Wellen noch bergen oder ihr sonst Hilfe zuteil werden lassen. So warf sie sich auf ihre Knie, hob die Hände zu Gott empor und bat ihren Schöpfer um Rettung. Sie startete auch noch einen Notruf. Aber wer könnte den überhaupt hören? Noch nie in ihrem Leben hatte sie sich so elend, hilflos und ohne Hoffnung gefühlt. Verhungern und verdursten müsste sie und ihr junges Leben von gerade mal 30 Jahren auf dem offenen Meer aushauchen.

Etwa 160 Meilen von ihrem Boot entfernt war ein großartiges, mächtiges Passagierschiff von New York nach Southampton unterwegs und hatte gerade das Meer an der Stelle erreicht, wo im April 1912 die Titanic, das damals größte und gewaltigste Schiff Englands, auf seiner Jungfernfahrt mit einem Eisberg zusammengestoßen und an seiner Bordwand auf 90 Meter Länge aufgerissen worden war. Innerhalb von drei Stunden war das Prachtschiff voll Wasser gelaufen und 1503 Menschen hatten bei dieser Katastrophe den Tod gefunden. Die Titanic versank in den Fluten. Fast an der gleichen

Stelle war jetzt wieder ein großartiger Ozeandampfer, die Queen Mary II., unterwegs. 345 Meter ist sie lang und bietet 2600 Passagieren Platz. 1200 Matrosen und sonstiges Bordpersonal sind für die Betreuung der Reisenden zuständig. Es ist wirklich ein riesiges Schiff mit mehreren Stockwerken. Plötzlich verlangsamte der Luxusdampfer seine Fahrt und hielt dann an. Das war mitten auf dem Ozean ungewöhnlich. Aber sofort erfolgte die Durchsage des Kapitäns über den Lautsprecher: „Wir werden unsere Route ändern, um 160 Seemeilen entfernt einer jungen Kanadierin zu Hilfe zu kommen, die in Seenot geraten ist.“ Auf diese Mitteilung hin beruhigten sich die Fahrgäste und warteten gespannt auf die Ereignisse, die auf sie zukommen würden. Und wirklich – welch ein Wunder – die Rettung von Mylene konnte gelingen.

Die junge Frau war von diesem Ereignis überrascht. Plötzlich tauchte der Riesendampfer vor ihr auf und fuhr dicht an ihr Miniboot heran. An Deck standen die Passagiere und winkten der in Not geratenen jungen Frau fröhlich zu. Auch Mylene streckte den Reisenden ihre Hände entgegen. Nun war die Rettung nahe. An Seilen wurden Tanks mit Wasser und anderen Getränken von der Queen Mary heruntergelassen, dazu noch Körbe mit größeren Mengen Lebensmitteln. Sie musste jetzt nicht mehr verdursten oder verhungern, sondern würde ihr Ziel doch noch erreichen.

Als diese Aktion beendet war, setzte die Queen Mary ihre Reise fort. An der Reling aber ertönte aus mehreren tausend Kehlen ein lautes dreifaches „Hipp, hipp, hurra!“ Mylene aber hob ihre Hände zu Gott empor und war bewegt. Außerdem hielt sie ein großes Schild in die Höhe, auf dem nur ein Wort stand: „Danke!“ Welch großes Geschenk hatte Gott dieser Kanadierin gemacht, und sie wird immer wieder anderen davon berichten, welch ein Wunder sie durch die Queen Mary erfahren hat.

Die Geschichte von der Rettung der jungen Kanadierin aus Verzweiflung und Todesnot hat mich sehr nachdenklich gestimmt. Mit Recht fragte ich mich: Kenne ich Menschen, denen auch eine Queen Mary zur Hilfe kam, als sie das Elend und die Not fast nicht mehr ertragen konnten? Ja, ich weiß um solche Ereignisse.

Die Geschichte von Helene Dück habe ich schon einmal in dem Buch „Wie Perlen an einer Schnur" erzählt. Aber es war so schnell vergriffen, dass Leser mich baten, das einzigartige Leben dieser Frau doch noch einmal zu Papier zu bringen.

Auch sie hat die Queen Mary wunderbar in ihrem Leben erfahren. Schon als junge Frau wollte sie bei den Inuit als Missionarin arbeiten und strebte eine entsprechende Ausbildung an. Aber dieser Berufung zu folgen, wurde ihr durch die politischen Ereignisse in Russland verwehrt.

Helene Dück wurde am 23.1.1909 auf der Krim geboren. Die Mitglieder ihrer Familie waren bewusste Christen und so wurde sie in der Gottesfurcht erzogen. In der Ukraine lebte sie und besuchte auch die Gottesdienste und Versammlungen der Frommen. Dadurch fand sie zum lebendigen Glauben und traf die wichtigste Entscheidung ihres Lebens, Jesus nachzufolgen. Im November 1928 heiratete sie, und zunächst war ihr das Glück hold. Doch diese wunderbare Zeit währte nicht lange. Schon nach neun Jahren, im November 1937, wurde ihr Mann wie viele andere Christen in Russland verhaftet. Sie hat nie erfahren, was mit ihm geschehen ist. Der Grund für seine Verhaftung müsste darin liegen, dass er in seinem Haus Gottesdienste gehalten hat, als den Christen die Kirchen genommen wurden. Von ihrem Mann ist ihr nur ein letzter Brief geblieben, den sie über die 70 Jahre der Witwenschaft hat retten können, bis der Tod sie selbst in Gottes Herrlichkeit aufnahm. In dieser anfechtungsreichen Zeit, als sie sich allein mit ihren vier Kindern durchschlagen musste, fand sie Trost im Wort Christi. Ihr blieb nur die Vermutung, dass ihr Mann entweder erschossen worden oder in der Verbannung gestorben war. Es war in der Zeit, als Stalin angeordnet hatte, die Christen in seinem Land mit Stumpf und Stiel auszurotten. 1941 wurde die Ukraine von den Deutschen besetzt, und in ihrem Dorf kehrte die Glaubensfreiheit wieder ein. Die Christen konnten ihre wunderbaren Gottesdienste feiern. So hat sich Helene Dück vor allem um die Kinder bemüht und brachte ihnen die Geschichten von Jesus nahe. Ihr war die einzigartige Gabe geschenkt, spannend zu erzählen, und sie vermochte es, den Kleinen Jesus vor Augen zu malen, so als stünde er mitten unter ihnen und redete mit ihnen. Doch diese Zeit war begrenzt. 1944 musste die Familie das Dorf verlassen und zog westwärts nach Polen in die Nähe von Lodz. Die russische Front hatte wieder die Ukraine erobert. 1945 besetzten die Sowjets Deutschland, und die Schwarzmeerdeutschen wurden nach Russland deportiert. Es folgte eine gefahrvolle Zeit, vor allem für die Christen. Meist waren ja nur noch die Frauen und Mütter in der Familie, da ihre gläubigen Ehemänner in die Verbannung nach Sibirien verschleppt waren. Unter diesen widrigen Umständen suchten die Christen Trost im Wort Gottes. Es war eine Katastrophe, als den Frommen die Zusammenkunft zum Beten und Bibellesen in ihren Häusern verboten wurde. Man warf ihnen vor, sie würden gegen die Sowjets agieren und einen Umsturz herbeiführen wollen. Helene Dück, die maßgeblich an der Ausbreitung des Evangeliums teil hatte, wurde verraten und gefangen genommen. Sie wurde zu 25 Jahren Haft verurteilt. Nun war sie von ihren vier Kindern getrennt.

Der Richter, der das harte Urteil hatte sprechen müssen, sah die Not dieser Mutter und redete ihr zu: „Du brauchst doch nur deinem Jesus abzuschwören. Unterschreib doch einfach, dass du nicht länger an Gott glauben willst. Was du in deinem Herzen denkst, interessiert uns nicht. Schwör Gott ab, unterschreib dies Dokument und du kannst sofort wieder zu deinen Kindern nach Hause gehen.“ Helene war zumute, als stünde der Teufel direkt vor ihr und würde sie zum Bösen versuchen. Wie raffiniert er war. Er traf sie an der wundesten Stelle. Ein Kampf setzte in ihrem Inneren ein. Es war wohl die schwerste Versuchung ihres Lebens. Sie kämpfte mit dem Satan, aber Gott erwies sich als der Stärkere. So sagte sich Helene: „Jesus hat aus Liebe zu mir sein Leben am Kreuz geopfert, um mich aus dem Bann der Sünde und des Teufels zu erretten. Ich bin ihm sehr wertvoll. Wie könnte ich ihm da den Rücken kehren? Nein, nein, nein, ich will nicht abtrünnig werden. Niemals will ich meinen Herrn verleugnen. Bis der Tod mich von dieser Erde nimmt, will ich ihm angehören.“ Aber sie bezahlte für diese Entscheidung einen hohen Preis.

Die Kinder kamen nun zu ihrer Schwester und ihrem Vater, die wunderbar für sie sorgten. Aber es folgten für die Mutter anfechtungsreiche Zeiten während der Verbannung in Sibirien.

Aber nach Gottes weisem Rat wurde Helene nach fast drei Jahren aus der Haft entlassen. Der Tod des Tyrannen Stalin war ihr zur Queen Mary geworden, um bei diesem Bilde zu bleiben; denn nach seinem Begräbnis wurde für eine Reihe von Gefangenen eine Amnestie erlassen. Nun konnte sie ihre Kinder wieder in die Arme schließen. Freude erfüllte ihre Herzen. Die Verfolgung für Christen wurde danach etwas eingedämmt.

An ihrem Lebensabend bekannte sie: „Hingabe an Jesus ist das Dringlichste. Durch Anfechtungen und Anfeindungen wuchs meine Sehnsucht nach der himmlischen Heimat. Aber mir ist auch bewusst, dass wir einmal mit leeren Taschen vor Gott stehen werden. Nur der Glaubensweg ist sicher. Mir ist manchmal zumute, als stünde ich vor einer Bergkette und alle Höhen würden vom Glanz der Gnade überstrahlt. Die Todestäler sind dann verschwunden, und ich fühle mich in der Hand meines Heilands geborgen; denn meine Zeit steht in seinen Händen."

Aber auch ich habe in meinem Leben schon die Rettung durch die Queen Mary erfahren. Ich denke an die Zeit, als wir am 19. Januar 1945 auf die Flucht gingen. Mit zwei Wagen, die vor allem mit Hafer für unsere sechs Pferde beladen waren und mit Lebensmitteln für die lange Fahrt westwärts, fuhren wir gegen Mitternacht los. Und dann brach das Unheil über uns herein. In einer Nacht wurden uns sämtliche Essenswaren gestohlen: Die beiden großen 20-Liter-Kannen mit der gefrorenen Milch, alle Würste und Schinken und der Sack mit Brötchen, die wie Zwieback haltbar gemacht worden waren. Wir waren entsetzt, und wir Kinder weinten. Bei der Weiterfahrt machte mein Vater für eine Nacht auf einem Rittergut Halt. Die Pferde stellten wir in einem Stall unter und wir suchten uns im Kuhstall auf zwei ausgebreiteten Strohballen Platz zum Schlafen. Unsere Decken hatten wir ausgebreitet. Durchgefroren und schrecklich müde waren wir. Und dann kam die Queen Mary in der Person des Grafen zu uns, dem dieses Rittergut gehörte. „Herr Hannemann“, sprach er meinen Vater an, „kommen Sie bitte in unser Schlösschen. Sie können dort die Nachtruhe verbringen. Ich stelle Ihnen unser Schlafzimmer zur Verfügung. Noch heute Nacht werden auch wir uns auf die Flucht vor der russischen Front begeben. Ehe Sie morgen weiterfahren, schauen Sie im Keller und in der Speisekammer nach und suchen Sie sich die Lebensmittel aus, die Sie auf Ihrer Weiterfahrt benötigen."

Für uns brach ein Jubel an, als wir uns in die gräflichen Betten legten mit dem wunderschön verzierten Bettzeug, auf die herrliche Krönchen gestickt waren. Zuvor haben wir uns aber im Bad all den Schmutz und Staub von 14 Tagen abwaschen können. In der Küche fanden wir dann alles, was unser Herz begehrte. Unsere Queen Mary war wirklich ein imposantes Schiff, um bei diesem Beispiel zu bleiben. Und noch heute, nach fast 70 Jahren, habe ich diesen hilfsbereiten, wunderbaren Grafen nicht vergessen. Unseren Wagen füllten wir neu mit Brot, Butter, Käse, Wurst, Schinken und Honig auf.

Aber dann ereilte uns kurz darauf noch ein weiteres Unglück. Zwei unserer besten Pferde wurden uns über Nacht gestohlen. Heimlich hatten Diebe sie aus dem Stall losgebunden und waren mit ihnen verschwunden. Wo war da unsere Queen Mary geblieben? Ich war unserem Vater von Herzen dankbar, dass er bei einem solch schlimmen Verlust nie die Hoffnung aufgab, sondern unserer Familie Mut machte: „Kinder, nun müssen wir das Beste aus dieser Katastrophe machen und zuversichtlich nach vorne schauen. Jammern ist jetzt nicht angesagt." Die beiden Wagen wurden umgeladen, und vor allen Dingen musste der Hafer nun auf eine Fuhre gepackt werden. Einige nicht so wichtige Sachen wie Kleider und Schuhe wurden zurückgelassen. Die Hauptsache war für uns, dass wir auf unserer Flucht weiter vorankamen und nicht von den russischen Panzern zermalmt wurden.

Aber ich weiß noch von einer anderen Queen Mary, die uns zur Hilfe kam. Nach mehreren Monaten landeten wir in Breitenbach bei Bebra in Hessen. Dort fanden wir wunderbare Christen, die uns freundlich in ihrem Haus aufnahmen. Nichts Besseres hätte uns geschehen können. Sie luden uns auch in ihre Bibelstunden ein, die in ihrem Wohnzimmer stattfanden. Eine wunderbare Bleibe boten sie uns: eine Küche und eine

Kammer. Hier bei Opa Becker erlebte ich in einzigartiger Weise die Rettung durch die Queen Mary. Er lud mich zu einer christlichen Freizeit ein, wo ich zum Glauben an Jesus fand. Es war ein Lied, das mich in die Nachfolge Jesu rief. Der Refrain lautete:

„Es ist das Kreuz auf Golgatha, Heimat für Heimatlose."

Diese Geborgenheit suchte ich, denn ich litt sehr unter der Armut und Not der verlorenen Heimat. In 65 Jahren hat mich Christus seitdem an seiner Seite reich gesegnet. Er liebt mich, er verzeiht mir meine Schuld und bietet mir tiefen Frieden. Dafür möchte ich ihm von ganzem Herzen danken.

Wer aber dieses Geschenk der Bekehrung erlebt hat, wird sogleich auch aufgerufen, andere ins Boot Christi zu ziehen. „Wir sind gerettet, um zu dienen." So steht es in der Heiligen Schrift. Kurz nach der Hinwendung zu Jesus fand in Bebra eine Zeltmission statt. Meine Klassenkameraden wollte ich alle dazu einladen. Aber ich erlebte eine herbe Enttäuschung. Nicht ein einziger Schüler folgte meiner Bitte. In Bebra wurde vor dieser Verkündigung im Zelt gewarnt. Es hieß: Eine neue Sekte macht sich breit. Das aber war eine glatte Lüge, und ich weiß nicht, wer sie in Umlauf gebracht hatte. Aber in mir brannte das Feuer der Liebe Christi im Herzen. Ich gab nicht gleich auf, sondern lud in unserem Dorf die Menschen ins Zelt ein. Von Haus zu Haus ging ich und verteilte Einladungen. So landete ich auch bei Martin, der gerade im Stall eines Bauern die Kühe fütterte. „Lotte, lass mich in Ruhe mit diesem frommen Kram. Du siehst, ich habe Arbeit." Damit wollte er mich abwimmeln. Ich aber blieb standhaft. „Martin, komm doch mit, wenigstens ein einziges Mal! Mach mir doch die Freude." – „Gut, einmal komme ich mit, aber dann lass mich bitte in Ruhe."

Ich war darüber sehr glücklich und betete Sturm für Martin, dass das Wort von Jesus in ihm eine Wendung zum Glauben bewirken möge. Und so geschah es auch wirklich. Jeden Abend begleitete mich Martin ins Zelt und der Herr wirkte in ihm eine klare Bekehrung. Welch ein Segen floss durch diesen Mann in unser Dorf. Er ließ sich zur Verkündigung des Evangeliums zurüsten und hielt dann sogar in unserem Haus so manche Bibelstunde. Beim Heimgang meines Vaters war er es, der mich am Grabe mit einem Gotteswort tröstete. Dieser Bruder in Christo, ein einfacher Landarbeiter, wurde mir in einer meiner anfechtungsreichsten, dunklen Stunde, als ich am Grab meines Vaters stand, zu einer Queen Mary. Danke, lieber Herr, dafür!

In der Arbeit der Telefonseelsorge in Marburg ließ Gott mich auch manchmal zu einer Queen Mary werden. Über 25 Jahre habe ich vor allem Nachtdienste übernommen und war besonders zuständig für die Betreuung suizidgefährdeter Menschen. So gelang es mir in dieser Zeit, mit Gottes Beistand über dreißig Anrufer wieder ins Leben zurückzuholen oder sie vor der Einnahme einer Überdosis Schlaftabletten, vor der Strangulierung oder vor dem Erschießen zu retten.

Ich erinnere mich noch ganz genau an einen Studenten, den mein Mann und ich eine ganze Nacht im Wald und auf den Bahngleisen suchten, bis wir ihn endlich auf einem Kinderspielplatz in einem Hüttchen entdeckten. Dieser Auftrag, Menschen in ihrer Verzweiflung zu suchen und zu retten, war eine schwere Aufgabe, aber von Gottes wunderbarem Eingreifen getragen. Ein Beispiel soll es deutlich machen.

Es war etwa 22 Uhr, als das Telefon klingelte. Eine jüngere Frau stöhnte laut und erzählte mir in abgerissenen Sätzen, dass dies ihre letzte Nacht sein werde. Sie sei sehr niedergeschlagen und habe mehrere Röllchen Schlaftabletten auf dem Tisch liegen.

„In meinem Leben läuft alles schief. Mein Freund hat mich verlassen, und auf der Arbeitsstelle werde ich nicht immer anerkannt. Was soll mir das Leben noch bringen?" Plötzlich hörte ich mitten in dem Gespräch ein Baby schreien und fragte: „Ist das etwa Ihr kleiner Schatz?" – „Ja", erhielt ich zur Antwort. „Das ist meine Yvonne." – „Um Ihres kleinen Kindes willen dürfen Sie sich nicht töten. Ihr Töchterchen braucht Sie."

„Mein Kind nehme ich mit in den Tod. Das Fläschchen mit den Schlaftabletten habe ich schon gerichtet. Ich kann ja nicht meinen Liebling in einer bösen Welt zurücklassen."

In dieser Not rief ich nach einer Queen Mary: „Bitte, lieber Herr, greif du ein und rette diese junge Mutter mit ihrem Baby."

Es wurde das längste Telefonat, das ich je geführt habe. Sieben Stunden hielt ich den Hörer in der Hand. Mit geschickten Fragen versuchte ich zu ermitteln, wer die Anruferin war. Stockend erzählte sie mir, dass sie in einem Seniorenheim arbeite und gerade ihren Nachtdienst zu Ende gebracht habe. Ihre Yvonne sei vor acht Monaten geboren worden, aber der Vater habe sich schon vor der Geburt des Säuglings aus dem Staub gemacht. Sie wohne in Bayern in der Nähe von Nürnberg. Den genauen Ort will ich hier nicht preisgeben.

Diese wenigen Antworten konnte ich der Verzweifelten so nach und nach entlocken. Aber sie reichten aus, um die Selbstmordkandidatin ausfindig zu machen; denn in dieser Gegend gab es nur ein Altenheim, in dem eine Pflegerin mit einem Baby arbeitete, die gerade ihren Nachtdienst zu Ende gebracht hatte. Ich hielt sie am Apparat fest, telefonierte aber über das zweite Telefon mit der Polizei in Marburg, die sich mit den Kollegen im Raum Nürnberg verständigen konnten. Sofort wurden dort zwei Polizisten losgeschickt, um die Lebensmüde zu retten. Ich hörte noch das laute Klopfen an der Tür und die Worte: „Hier spricht die Polizei! Öffnen Sie bitte!“ Darüber erschrak meine Anruferin. Sie wollte diesem Befehl nicht nachkommen. „Bitte“, bat ich sie, „schließen Sie die Tür auf, sonst wird sie von der Polizei mit Gewalt eingetreten. Ich habe die Polizei geholt, denn Sie sollen leben und nicht sterben.“ So folgte sie meiner Bitte. Kurz darauf meldete sich ein Polizist mit den Worten: „Wir übernehmen jetzt.“

Ich atmete auf und mir fiel ein Stein vom Herzen. Endlich waren meine Gebete erhört. Mutter und Kind wurden in eine Klinik gebracht. Später nahm ich Kontakt zu der Mutter auf, und sie schickte mir sogar ein Foto von ihrem süßen Schatz. In einem langen Brief teilte sie mir mit, dass sie Alkoholikerin sei, aber nun wolle sie in einer Suchtklinik für Mutter und Kind eine Therapie machen. So glücklich war ich noch nie und dankte Gott von Herzen für sein rettendes Eingreifen.

Etwas recht Erfreuliches erlebten wir in unserer jungen Ehe. Mein Mann hatte in Bad Arolsen im Waldecker Land seine erste Stelle als Lehrer angetreten. Das Christian-Rauch-Gymnasium war nun seine Wirkungsstätte.

Das machte uns sehr glücklich, denn nun erhielt er jeden Monat ein geregeltes Gehalt. Unser Problem aber war die entsetzliche Wohnungsnot damals im Jahr 1959, als Millionen von Flüchtlingen und außerdem noch viele Bombengeschädigte eine Bleibe suchten. Wir wohnten mit zwei Kindern in einem Zimmer mit Küche. Es war eine recht kalte Wohnung, die zudem noch sehr feucht war. An den Wänden kroch der Schimmel hoch. Jeden Tag machte ich mich auf den Weg, um ein neues Dach über dem Kopf zu suchen. Aber alle meine Bemühungen waren vergeblich. Schließlich sagte mein Vater: „Lotte, ihr müsst bauen, ich helfe euch." Aber Angst machte mir dieser Vorschlag schon. Wir selbst verfügten über keine Ersparnisse, aber wir konnten zwei Darlehen bei der Bank aufnehmen. So hatten wir alles gut geplant. Aber gegen Ende der Bauzeit fielen noch einige Rechnungen an, die wir nicht mehr bezahlen konnten. Außerdem wollten wir uns dringend eine Waschmaschine kaufen. Obwohl das Haus nur 43 000 DM kostete, kamen wir doch in Bedrängnis. Meinen Vater wollte ich in unsere Sorgen nicht hineinziehen. Er hatte uns doch schon so viel geholfen.

Da passierte für mich etwas Unglaubliches. In Form eines Schreibens vom Lastenausgleichsamt tauchte die Queen Mary in meinem Briefkasten auf. Ich musste die Zeilen zweimal lesen, bis ich verstand, was mir hier mitgeteilt wurde. So las ich: „Sehr geehrte Frau Bormuth, bitte geben Sie uns Ihr Konto an, damit wir Ihnen den Betrag in Höhe von 8256 DM überweisen können, denn Ihr Antrag wurde genehmigt."

Ich konnte das Wunder nicht fassen. Wie kam ich plötzlich zu so viel Geld? Vor Freude hüpfte und sprang ich im Zimmer hin und her, denn vom Lastenausgleich hatte ich nur vom Hörensagen vernommen.

Ich stamme ursprünglich aus Bessarabien, dem heutigen Moldawien und der Ukraine. Wir wohnten nur 8 Kilometer vom Schwarzen Meer entfernt, südlich von Odessa. Dort bin ich geboren. Fruchtbares Land gab es in Hülle und Fülle. Mein Großvater mütterlicherseits war ein reicher Landwirt und besaß zudem ein Lebensmittelgeschäft, eine Mühle und eine Ziegelei. Immer wenn ein Kind geboren wurde, übertrug Großvater Ohlhausen seinem Enkel mehrere Hektar Land zur Taufe als Geschenk. Testamentarisch war alles bei einem Notar verbucht worden. Zum Glück hatten meine Eltern alle Dokumente auf der Flucht mitgenommen und auch meine Papiere beim Lastenausgleichsamt eingereicht. Nun war mir die hohe Summe gerade zur rechten Zeit zugeteilt worden. Der Dank an Gott fiel mir nicht schwer. Ich hob meine Hände zu ihm empor und freute mich über meine Queen Mary.

Ein glückliches Heim

Folgende Geschichte hörte ich einmal und sie hat mir sehr gefallen. Ja, ich war richtig beglückt:

Ein etwas sonderbarer Lehrer wohnte recht zurückgezogen am Ende eines kleinen Dorfes nahe am Wald. Er kümmerte sich rührend um elternlose Kinder, unterrichtete sie und bot einigen auch ein wohliges Zuhause. An einem wunderschönen Nachmittag erhielt er Besuch. Ein sehr gelehrter Herr klopfte an seine Tür. Dieser Besucher machte dem einsam lebenden Lehrer Vorwürfe. Er sei doch als Erzieher nicht recht gebildet und habe wohl keine ordentliche Laufbahn an der Universität zu einem guten Ziel gebracht. So könne er Kindern wahrscheinlich auch nicht die wichtige Lehre der Rabbiner vermitteln.

„Wie meinen Sie das?“, fragte der bescheidene Lehrer den Eintretenden. „Was verstehen Sie unter gebildet?“

Der kluge und gelehrte Herr überlegte eine Weile und dann kam es ihm mit großem

Sachverstand über die Lippen. „Also gebildet ist der Mensch, der seine Muttersprache hervorragend beherrscht, und dann darüber hinaus noch zwei Fremdsprachen, die als Weltsprachen gelten, spricht und dazu noch mindestens Griechisch und Hebräisch gelernt hat. Außerdem müsste er einen akademischen Grad besitzen, die Lehren mehrerer Philosophen kennen, eine Ahnung von den Weltreligionen haben und geschichtliche Ereignisse der vergangenen Jahrhunderte erforscht haben. Das ist meine Ansicht, und ich selbst gehöre zu diesen Gebildeten."

Daraufhin erhob sich der Lehrer etwas behäbig aus seinem Sessel, ging auf eines der Kinder zu, die er gerade unterrichtete, stellte es vor sich hin und sprach mit einem Lächeln auf seinem Gesicht. „Da bin ich anderer Meinung. Klug ist der Mensch, der ein Waisenkind bei sich aufnimmt, es zum lebendigen Glauben an Jesus führt und ihm alle erdenkliche Liebe einer Mutter schenkt."

Diese Antwort beeindruckte den „geistig hochstehenden Menschen" so sehr, dass ihm plötzlich Tränen über sein Gesicht liefen. Denn solch eine Liebe hatte er in seinem ganzen Leben nie erfahren.

Mein achtzigster Geburtstag

Ich finde es so schade, dass ich nur einmal in meinem Leben ein so schönes Fest wie den 80. Geburtstag feiern darf. Ich habe mich auch wirklich sehr darüber gefreut. Vollzählig waren unsere Kinder – eine Tochter und vier Söhne mit ihren Partnern und Kindern – oft von weit her nach Marburg angereist. „Mutti, du brauchst für deinen großen Festtag gar nichts zu richten. Jeder steuert etwas zum Essen bei und wir werden fröhlich beieinander sein. Du sollst wirklich deinen einzigartigen Tag genießen können."

Dieser Vorschlag gefiel mir, denn ich fühlte mich sehr entlastet. Fröhlich und mit hohen Erwartungen sah ich meinem Geburtstag entgegen. Aus Heidelberg, der Nähe von Kassel, Bad Sooden-Allendorf, Oldenburg, Dresden, Haan, Uelzen und Schwäbisch Gmünd waren die Gäste angereist. So trafen wir uns zum Mittagessen, Kaffeetrinken und Abendbrot. Köstliche Speisen waren angerichtet. Miteinander dankten wir Gott für die 80 Jahre, die ich bisher erleben durfte, sangen fröhliche Lieder und tauschten uns über unser Ergehen aus.

Meine jüngste Schwester, mit der ich mich besonders verbunden weiß, erinnerte uns in einer humorvollen Rede an unser gemeinsames Leben. Lilli war in dem Hungerjahr 1946 geboren worden und wir bangten damals oft um ihr Leben. Bis heute weiß ich noch ganz genau, wie uns unser Bürgermeister half, als bei meiner Mutter die Wehen einsetzten und sie schnell ins Krankenhaus gebracht werden musste. In einem alten Auto mit Holzvergaser – Benzin war damals recht rar – erreichte sie noch rechtzeitig die Geburtsstation in Bad Hersfeld. Schon kurze Zeit später wurde meinen Eltern die fünfte Tochter geschenkt.

In ihrer Rede zu meinem 80. Geburtstag bedankte sich Lilli bei mir, dass ich damals jeden Abend mit einem Kännchen in der Hand von einem Bauern zum andern gegangen war und um Milch gebettelt hatte. Es gab zwar für Säuglinge und Kleinkinder Marken für Milch, aber im Sommer war die Milch meist sauer, wenn sie gegen Mittag im Geschäft angeliefert wurde. Kühlaggregate gab es zu der Zeit noch nicht. In diesem schrecklich heißen Sommer starben in unserem Ort sieben kleine Kinder, und die Angst beschwerte uns, ob unsere Lilli am Leben bleiben würde. Ein Jahr zuvor war uns schon ein Schwesterchen auf der Flucht geboren worden und dann verhungert, weil es im Mai 1945 keine geeignete Säuglingsnahrung gab und meine Mutter von den Strapazen der Flucht so geschwächt war, dass sie das Baby nicht stillen konnte. Lilli hat aber überlebt. Ob sie ein Bettchen oder einen Kinderwagen hatte, daran kann ich mich nicht mehr erinnern. Ich weiß nur, dass sie zwischen meinen Eltern auf der Besucherritze schlief.

Lilli ist zwölf Jahre jünger als ich. Als ich meinen Mann kennenlernte, und wir eine Familie gründeten, besuchte sie uns oft in ihren Ferien. Vor allen Dingen war sie vor dem Abitur unser Gast und mein Mann paukte mit ihr für die Lateinprüfung, was ihm auch hervorragend gelang, denn Lilli wurde sogar mit einem Preis für gute Leistungen ausgezeichnet. Natürlich war es mir ein großes Anliegen, dass sie auch zum Glauben an Jesus fand. So luden wir sie mehrmals zu Kinderfreizeiten ein und schon mit acht oder neun Jahren nahm sie Jesus als ihren persönlichen Retter und Erlöser an. Besonders in der Zeit, als sie während ihres Studiums in Marburg bei uns wohnte, wurde ihr Glaube durch die Studentenmission gefördert. Erinnerungen wurden in mir wach.

1964 war mein Mann als theologischer Mitarbeiter ins Diakonissenmutterhaus gekommen. Damals luden wir junge Menschen zum Bibelkreis in unsere Wohnung ein. Lilli war besonders eifrig bei der Sache, und in ihrer charmanten Art brachte sie eine ganze Schar von Studenten in unser Haus. Längst reichten die Stühle nicht mehr aus und wir holten Hocker und Bügelbrett aus der Küche, um Sitzgelegenheiten zu schaffen. Mein missionarischer Eifer wurde durch die meist über dreißig jungen Menschen angeregt und ich überlegte, wie ich mit einem köstlichen Imbiss zum Gelingen der Abende beitragen konnte. Meine Aufgabe sah ich darin, unsere Gäste freundlich zu empfangen und vor allem diese Treffen mit meinen Gebeten gut vorzubereiten. Besonders erfüllte es mich mit Dank, wenn wieder ein Student zum Glauben an Jesus fand. Es waren segensreiche Zeiten, die wir erleben durften, und vollmächtige Pfarrer wie Erich Schnepel, Emanuel Scholz und Hans Bruns halfen uns durch seelsorgerliche Gespräche bei unseren Gästen. Lilli fand gegen Ende ihres Medizinstudiums auch ihren Lebenspartner durch den Bibelkreis.

Aber auch unsere Tochter ließ die vergangenen Jahre mit einer Ansprache an meinem inneren Auge vorüberziehen. Im Stillen musste ich denken: Wie reich hat Gott meine Tage gestaltet. Es tut einer Mutter auch gut, den Dank der Kinder zu erfahren, der im Alltag manchmal untergeht. Immer stiller wurde ich, als ich an all die Situationen erinnert wurde, in denen Gott mir durchgeholfen und mir viel Schönes und Freudvolles geschenkt hatte. Fröhlich darf ich bis jetzt in meine Zukunft schauen. Es gibt nicht viele Ehepaare, die auf 57 Jahre glücklichen Miteinanders mit einem Partner zurückblicken können. Uns ist es vergönnt.

Natürlich weiß ich, dass das Alter mir auch vermehrt trübe und schwere Tage bringen kann. Krankheiten und Schwäche stellen sich ein. Aber zunächst will ich mich an das Psalmwort halten: „Gedenket der vorigen Zeiten!“ Die Rückschau, die ja nicht nur glückliche Zeiten im Visier hat, macht mich zuversichtlich und mutig, weil ich gerade in der Anfechtung bisher die besondere Nähe meines Herrn erfahren habe.

Mein Lcben ist ein Wechselspiel von Glück und Beschwernis, aber auch von Schuld und Vergebung. Vieles hätte ich anders machen müssen. So hat es mir oft an Geduld bei meinen Kindern gefehlt. Ich hatte mich nicht immer selbst im Griff. Mein lautes Schimpfen tut mir heute leid. Hätte ich nicht liebevoller und ausdauernder sein müssen? Warum nur habe ich mich von der Angst niederdrücken lassen, wenn mir in der Erziehung nicht alles gelang? Das Vertrauen auf Gottes Macht entschwand mir manchmal.

Ich denke z. B. an die großen Ferien zurück, in denen ich für unsere vier Ältesten einen Aufenthalt in Amerika planen konnte. Für die sechs Wochen brauchte ich keine Pensionskosten für meine Kinder zu bezahlen, weil sie als Betreuer in einem Sommerlager eingesetzt waren. Nur für die Reise dorthin musste ich vier Flugtickets nach New York buchen. Ich überlegte, wie ich diese hohen

Ausgaben bewältigen konnte. In Marburg wurden für die Sommerakademie möblierte Zimmer gesucht. Nachdem die Kinder in Amerika gelandet waren, machte ich mich an die Arbeit, räumte Kleidung, Schuhe und Bücher in Kartons und Koffer und trug diese auf den Speicher. Der Aufenthalt für ausländische Studenten wurde sehr gut bezahlt und ich konnte davon einen großen Teil der Flugkosten bestreiten.

Aber dann überschnitten sich die Termine bei ihrer Rückkehr und die Studenten blieben einige wenige Tage länger. Ich musste meine Kinder in dieser Zeit im Wohn- und Arbeitszimmer schlafen lassen. Natürlich waren unsere Vier davon nicht erbaut. Ein Wort ergab das andere und sie sparten nicht mit Vorwürfen mir gegenüber. Hatten sie denn ganz vergessen, wie sehr ich mich angestrengt hatte, um ihnen einen wunderschönen Aufenthalt in den USA zu ermöglichen? Ich hätte mir von ihnen für meinen Einsatz mehr Dankbarkeit erwünscht. Sie hatten nämlich ihre Englischkenntnisse sehr verbessert und für zwei von ihnen war das Abitur nahe gerückt. Unsere Auseinandersetzung artete aus und aufgeregt weinend verließ ich die Küche. Im Schlafzimmer schloss ich mich ein. Noch nie war ich so verärgert gewesen. Die Geduld hatte ich verloren. Ich hätte liebevoll, aber doch bestimmt mit meinen Kindern reden sollen, anstatt mich in heillose Diskussionen verwickeln zu lassen. Es dauerte keine fünf Minuten, da klopften die Kinder an meine Tür. „Mutti, sei uns doch wieder gut. Wir haben es doch nicht so böse gemeint. Verzeih uns bitte, dass wir so uneinsichtig waren.“ Ich wischte mir die Tränen aus den Augen, ging zu ihnen, und wir söhnten uns wieder aus.

Erziehung ist für uns Eltern eine der schwierigsten Aufgaben, und ich kam oft an meine Grenzen. Wie dankbar bin ich gerade in meiner Familie für die Vergebung. Von Jesus kann ich mir Durchhaltevermögen, Vertrauen und Liebe erbitten. Dies ist wohl mein häufigstes Gebet: „Herr, schenke mir in all meinem Tun Geduld!“

Heute darf ich sagen, dass ich meinem Herrn für sein Verzeihen dankbar bin. So darf es in meiner Familie zu einem fröhlichen und glücklichen Miteinander kommen, und ich bleibe mein Leben lang eine Lernende. Ich freue mich, dass ich zu meiner Tochter, meinen vier Söhnen und ihren Partnern ein herzliches Verhältnis habe, und empfinde es als hilfreich, dass ich mich nicht in ihre Angelegenheit mischen muss. Wenn Kinder erwachsen sind und sie in ihrer Jugend in der Familie tiefe Wurzeln schlagen konnten, dann darf ich sie getrost loslassen in der Gewissheit, dass sie einen guten Weg des Glaubens gehen werden, wenn sie Jesus, ihren besten Freund, an ihrer Seite haben. Allerdings weiß ich, dass die Bekehrung meiner Kinder allein in Gottes Hand liegt. Mir als Mutter bleibt das tägliche Gebet für meine Lieben und ich freue mich an dieser wunderbaren Gabe, Mutter von fünf Kindern mit ihren Partnern sein zu dürfen. Inzwischen gehören zu unserer Familie auch 17 Enkel und ein Urenkel. Reich ist mein Leben an der Seite meines lieben Mannes und der großen Familie geworden. So will ich getrost in die Zukunft schauen in der Gewissheit, dass allein Gottes Gnade mein Dasein zu seinem wunderbaren Ziel führen wird.

Ich denke an vorige Zeiten

In Psalm 143,5 heißt es: „Ich denke an die früheren Zeiten; ich sinne nach über alle deine Taten und spreche von den Werken deiner Hände. Ich breite meine Hände aus zu dir; meine Seele dürstet nach dir, Gott, wie ein dürres Land. Herr, erhöre mich bald, eh mein Geist vergeht, verbirg dein Antlitz nicht vor mir."

Wie oft wurde ich schon von diesen Versen ermutigt und habe den wunderbaren Rat bedacht. Viele Taten meines Herrn stehen vor meinem inneren Auge und lassen mein Herz höher schlagen, wenn ich mich in die Gegenwart Gottes gestellt weiß. Das Erinnern an meinen Vater im Himmel macht mich fröhlich, verwandelt meine trübsinnigen Tage in lichtvolle Stunden, lässt mich innere Heilung erfahren, und lässt Gottes wunderbare Liebe neu in meinem Leben aufleuchten. Dabei bin ich nicht auf „Wolke sieben" geboren worden. Gerade jetzt, da die Ukraine von einem grauenvollen Kriegsgeschehen bedroht wird, muss ich sehr oft an meine Heimat denken und an die Menschen, die Opfer der politischen Auseinandersetzung werden.

In Bessarabien erblickte ich das Licht der Welt, acht Kilometer vom Schwarzen Meer entfernt. Jeden Sommer verbrachte meine Familie in Budaki, einem herrlichen Badeort, mehrere Wochen am Strand. Wie sehr liebte ich das Meer. Und noch heute tummele ich mich gern in der Ostsee, wenn ich in Binz oder Sellin eine Bibelfreizeit halte. Schon das Rauschen des Wassers klingt mir wie Musik in meinen Ohren, und dem Spiel der Wellen zuzuschauen, weckt in mir den Gedanken an die Größe meines Gottes. Manchmal sind die Fluten ruhig, lieblich und klar, dann aber brausen sie mächtig auf und Psalm 93 wird in mir lebendig, wo es heißt: „Die Wasserwogen im Meer sind groß und brausen mächtig; aber der Herr ist noch größer in der Höhe."

Welch einzigartiges Geschenk hat Gott mir gemacht, dass er mir mit 15 Jahren seine Liebe und Nähe anbot und ich Christ werden durfte. Das ist Glück, unverdientes Glück. In seiner Gemeinschaft darf ich leben. Er hat mich bei meinem Namen gerufen, ich darf seine Herrlichkeit und Wunder schauen. Die Größe Gottes zu erleben, erweckt in mir ein Staunen. Oft kann ich es nicht begreifen, dass der erhabene Herrscher, der diese Welt einmalig geschaffen hat, mir zum Vater im Himmel geworden ist.

Gerade jetzt, da der Frühling mit Macht anbricht und innerhalb weniger Tage draußen in der Natur alles grünt und die Bäume und Blumen blühen, erhebe ich voller Dank mein Herz zu ihm empor. Jeden Morgen schaue ich aus dem Badezimmerfenster in unseren Garten. In seiner Blütenpracht fesselt mich unser Apfelbaum. Tausende von wunderbaren Knospen sind über Nacht aufgebrochen. Wie ein großes Wunder erfreut dieser Baum meine Sinne. Er steht so nah an unserem Haus, dass ich sogar die vielen Bienen beobachten kann, wie sie von einer Blüte zur anderen fliegen und für uns den Honig einsammeln. Noch lustiger aber empfinde ich die Blaumeisen, die Amseln, die Buchfinken und Spatzen. Flink hüpfen sie von Ast zu Ast, als wollten sie mir eine Schau bieten und mein Auge an ihrem Tanz und lustvollem Spiel teilhaben lassen. Wie von selbst kommt dann der Dank über meine Lippen: „Herr, wie groß bist du!"

Wir wohnen nahe am Wald, und so fliegen auch viele Vögel über unser Haus. Jeden Morgen begrüßt mich z. B. eine Krähe, der ich den Namen Jonathan gegeben habe. Direkt von meinem Bett aus kann ich den gefiederten Freund beobachten. Im Vorgarten unseres Nachbarn steht ein mächtiger Mammutbaum. Sicher hat Herr Böhler damals nicht bedacht, dass das kleine Pflänzchen, das er sich von seiner Hochzeitsreise aus den USA mitgebracht hatte, sein Haus um ein Zweifaches überragen würde. Sein Stamm ist so mächtig und dick, dass ihm bisher noch kein Sturm etwas anhaben konnte. Nur seine Zweige werden stark hin- und hergerissen, sodass ich mich schon oft fragte: Werden sie der Wucht des Windes standhalten oder niederkrachen? Ganz oben in der Spitze sucht sich jeden Morgen mein Freund Jonathan seinen Platz aus und grüßt mich beim Erwachen. Laut krächzt er und ruft noch andere Krähen herbei, die dann von Ast zu Ast wippen, als wollten sie mich fröhlich begrüßen und mir mit ihren Tänzen Freude bereiten. Oft schlagen sie dann auch kräftig mit den Flügeln, als wollten sie mich wecken und mir zurufen: „Ein neuer, herrlicher Tag ist angebrochen. Lotte, steh jetzt endlich auf!"

Gerade heute Morgen verleiht mir die Tageslosung ein großartiges Staunen und ruft mir zu: „Gott hat sich selbst nicht unbezeugt gelassen, hat viel Gutes getan und euch vom Himmel Regen und fruchtbare Zeiten gegeben, hat euch ernährt und eure Herzen mit Freuden erfüllt" (Apostelgeschichte 14,17). Und Jochen Klepper dichtete dazu:

„Er segnet deiner Bäume Frucht,
dein Kind, dein Land, dein Vieh.
Er segnet, was den Segen sucht.
Die Gnade schlummert nie."

Die Schönheit meines Apfelbaumes, seine Blütenpracht, das frohe Spiel der Kohlmeisen, Buchfinken und Spatzen, der hohe, stämmige Mammutbaum, von dem man denken könnte, er wolle bis in den Himmel ragen, und dann mein Freund Jonathan, der in der Spitze der Zweige mit seinen gefiederten Genossen hin und her wippt, sodass es mir eine Lust bedeutet, ihnen zuzusehen, erinnern mich an Gottes Macht. Angst, Sorgen, Kümmernisse müssen verstummen und ich werde zum Dank meinem Schöpfer gegenüber ermutigt. In meinem Morgengebet lobe ich zuerst meinen Gott, dass er mir ein Übermaß an Schönheit in seiner Schöpfung anbietet. Das macht mich ganz wach nach der langen Nacht, und ich fahre in meinem morgendlichen Gebet mit der Fürbitte fort. Die Namen all meiner Lieben, die ich vor meinen Herrn bringe, spreche ich aus. Das ist manchmal eine rechte Kraftanstrengung, wenn ich an die vielen Bedürfnisse der Kinder und Enkel gedenke. Christine und Dominic trauern noch immer um ihre beiden Kinder, die Gott so früh in seine neue Welt geholt hat. Mareike und Adrian stehen mitten im Staatsexamen an der Universität in Heidelberg. Daniel hat eine Freundin gefunden und hat sich verlobt. Cornelius und Maike bereiten sich auf ihre Konfirmation vor. Emanuel hat auf seinem Schulweg Angst, weil ihn dort ein streunender Hund angegriffen hat. Miriam ist für ein Freiwilliges Soziales Jahr in Hongkong und dient Gott an den Kindern einer neu gegründeten Gemeinde. So könnte ich die Reihe meiner

Kinder und Enkel noch weiter fortsetzen. Fünf Kinder mit ihren Partnern, 17 Enkel und ein Urenkel sind es bis jetzt und das Ende der Fahnenstange ist noch nicht abzusehen. Jeden Morgen ist es meine erste Aufgabe, ihre Namen vor Gott zu bringen.

Nach dem Frühstück hole ich dann meine kleine Gebetsliste hervor und bete für Menschen, die sich in schweren Krankheitsnöten befinden oder Probleme haben. Immer wenn ich einen Vortrag gehalten habe, sprechen mich einzelne Zuhörer an und bitten mich um Hilfe im Gebet. An eine junge Frau muss ich besonders denken. Bei einer Predigt im Erzgebirge fiel mir Jessika (so will ich sie hier nennen) besonders auf. Schmal und blass sah sie aus und brachte wohl kaum mehr als 40 Kilo auf die Waage. Sie stand am Büchertisch und blätterte in einem und dann in einem anderen Buch, ohne sich für einen Titel entschließen zu können. Vielleicht fehlte ihr auch das Geld zum Kauf. Ich beobachtete Jessika, griff dann nach einem meiner Bücher und schrieb ihr als Widmung hinein: „Jessika, du bist vor Gott sehr wertvoll!"

Später erfuhr ich von ihrer Mutter, wie

notvoll das Leben ihrer Tochter war. Sie litt schon seit einigen Jahren an Magersucht und hatte bereits zweimal eine Therapie abgebrochen. Die Mutter hatte große Angst um ihre Jessika und sagte zu mir: „Bitte, Frau Bormuth, beten Sie für meine Tochter, denn ich habe Angst sie zu verlieren." Das will ich nun gerne tun. Ihr trauriges, abgemagertes, blasses Gesicht werde ich nicht vergessen.

Während ich diese Zeilen niederschreibe, werde ich an das Handeln Jesu erinnert. Als er auf dem Weg von Jericho nach Jerusalem ist, begegnet er einem Blinden, der am Straßenrand sitzt und bettelt. Plötzlich hört der, wie eine größere Menschenmenge an ihm vorübereilt. Er will nun wissen, was dies alles zu bedeuten habe, und fragt einen, der gerade an ihm vorbeigeht: „Was ist denn heute los? Warum ziehen so viele Leute an mir vorbei?"

„Es ist Jesus von Nazareth, und er geht mit vielen seiner Anhänger weiter nach Jerusalem", wird ihm erklärt.

Nun gibt es für den Blinden kein Halten mehr. Von diesem Messias und seinen Wundern, die er gerade an Kranken vollbracht hat, will er mehr hören. Er denkt: Das ist jetzt meine Chance. Wenn einer mir helfen kann, dann er. Aus voller Kehle schreit er laut: „Jesus, du Sohn Davids, erbarm dich meiner!" Aber anstatt den Blinden zu Jesus zu führen, beschimpfen ihn einige Leute und bedrohen ihn: „Sei still und schrei nicht so!" Es ist kaum zu fassen, wie hier die Menschen mit dem Leidenden umgehen. Ahnen sie überhaupt, was es bedeutet, ein Leben lang blind und arm zu sein und um jedes Stück Brot betteln zu müssen? Aber der Blinde lässt sich von diesen egoistischen und hartherzigen Worten überhaupt nicht beeindrucken. Er weiß: Nur Jesus kann mich heilen. Deshalb schreit er noch lauter: „Jesus, du Sohn Davids, erbarme dich meiner!"

Und dann geschieht das Einzigartige. Jesus bleibt stehen, lässt sich zu dem Blinden führen und fragt ihn: „Was willst du, dass ich dir tun soll?" Der Mann hat in seiner leidvollen Situation nur ein Anliegen: „Herr, ich möchte wieder sehen." Ein Satz aus dem Mund des Gottessohnes bringt dem Blinden Heilung: „Sei sehend, dein Glaube hat dir geholfen." Und dann ereignet sich dieses Wunder: Die trüben, dunklen Augen werden plötzlich hell. Er sieht die Menschen, die Bäume, die Vögel und die Saat auf dem Feld. Sofort schließt er sich dem langen Zug um Jesus an und lobt Gott über dieser herrlichen Tat.

Erinnern wir uns an solche Geschehnisse? Erleben wir heute auch noch Wunder? Ja, wir dürfen mit Gottes Kräften der Heilung rechnen. Ich denke an mehrere schwere Nächte, die mich in Angst und Schrecken versetzten. Zwei meiner Kinder litten an Keuchhusten. Die Nachtstunden waren besonders schlimm. Anne-Ruth und Gottfried litten zudem an Atemnot, und ich hatte Angst, dass sie mir bei den schrecklichen Hustenanfällen ersticken könnten; denn manchmal liefen sie im Gesicht blau an. Stoßgebete schickte ich zum Himmel. Ich war allein zu Hause. Mein Mann hielt eine Jugendfreizeit in Österreich hoch in den Bergen. Noch nicht einmal übers Telefon konnte ich ihn erreichen. In dieser bedrängten Situation blieb mir nur das Rufen zu Gott. Oft wusste ich nicht mehr, was ich tun sollte. Mal trug ich Anne-Ruth, mal Gottfried auf den Armen und bangte um ihr Leben. Vergessen werde ich diese kummervollen Nächte nicht. „O Gott, schick mir deine Hilfe und lass die Kinder nicht ersticken!“, rief ich meinen Herrn an. Das Warten wurde mir sehr lange, aber beide Kinder überlebten den Keuchhusten. Gottes Eingreifen werde ich nie mehr vergessen. In Psalm 103,2 heißt es: „Lobe den Herrn, meine Seele, und vergiss nicht, was er dir Gutes getan hat.“ Dieses Psalmwort will ich beherzigen und meinem Herrn für sein Eingreifen immer wieder den Dank bringen, auch wenn darüber inzwischen viele Jahre ins Land gezogen sind.

An dieser Stelle muss ich noch einen Einschub anfügen. Gottes Hilfe entspricht nicht immer meinen Bitten und Vorstellungen. Mir steht ein schreckliches Geschehen vor Augen. Am 5. November 1973 gegen 14 Uhr fuhren in Guntershausen bei Kassel zwei Züge ineinander. „Ein Waggon wurde zum stählernen Sarg.“ So betitelte eine Zeitung 40 Jahre später dieses Ereignis. Das Bild, das im Großformat in dieser Zeitung zu sehen war, ließ mich neu daran denken, dass aus diesem völlig zertrümmerten Waggon 13 Tote geborgen wurden. Auch meine Schwester war in Kassel zugestiegen. Sie überlebte als Einzige aus diesem Waggon das Unglück. Ihre Verletzungen kann ich gar nicht einzeln aufzählen. Sie waren katastrophal. Vor allem waren beide Beine total abgequetscht. Die Ärzte versuchten, die Beine zu retten und operierten über 36 Mal die vielen Wunden. Nach zwei Jahren musste doch amputiert werden.

Am Tag vor der ersten Amputation am Oberschenkel rief ich Gott innig an, ob er nicht doch noch Heilung schenken und ihr Bein retten könnte. Ich versprach ihm sogar ein großes Opfer und wollte unser Sparbuch total abräumen, wenn meine Schwester wieder laufen könnte. Es kam aber anders. Nicht alle Gebete werden so wunderbar erhört wie das Schreien des Blinden. Heute sitzt Grete im Rollstuhl. Drei Jahre lag sie in der Klinik und dann noch zwei Jahre zu Hause, bis die eitrigen Wunden allmählich abgeheilt waren. Und doch hat Gott unserer Familie das Geschenk gemacht: Meine Schwester hat überlebt. Gottes Wege sind für mich oft geheimnisvoll und nicht zu ergründen. Gerade unbegreifliche Geschehnisse können für mich zu einem Stolperstein werden, und ich liege verzweifelt am Boden. Aber durch das heilende, machtvolle Evangelium will ich lernen, meinem Schöpfer zu vertrauen und an Wundern festzuhalten, auch wenn sie nicht immer eintreten. Anfechtungen können mich in Bedrängnis führen, obwohl ich weiß, dass sie mich lehren, auf Gottes Wort zu achten.

Gerade nach freudvollen, erfolgreichen Tagen der Verkündigung erlebe ich mitunter niederschmetternde, angstvolle Geschehnisse. So passierte es vor einer Woche. Ich war ins Erzgebirge zu Vorträgen eingeladen. Frühstückstreffen, Seniorennachmittage und Predigtdienste füllten meine Tage aus. Überall war mir ein erstaunlich guter Besuch in mehreren Gemeinden geschenkt worden. Das stimmte mein Herz froh und gewiss.

Aber dann kam ich nach Marburg, und als mein Mann unser Auto auf den Parkplatz fahren wollte, hob schon von Weitem ein Mieter seine Hand und kam auf uns zu gerannt. Mit aufgeregter Stimme rief er mir zu: „Frau Bormuth, Thomas ist tot.“ Ich verstand zunächst gar nicht, wen er meinte, denn Thomas ist der jüngste Gast in unserem Hause und war nicht ernstlich krank. Nach und nach erfuhr ich Einzelheiten über sein Sterben. Dieser junge Mann von 31 Jahren lebte schon länger bei uns. Ich wusste, dass er psychische Probleme hatte und ab und zu ärztliche Hilfe in Anspruch nahm. Aber gerade in letzter Zeit ging es ihm recht gut, er saß öfter im Wohnzimmer mir gegenüber und wir konnten uns miteinander unterhalten. Die Todesursache konnte ich nicht in Erfahrung bringen. Ich hörte nur, dass er mehrere Tage tot in seinem Zimmer gelegen habe. Kein Mensch im Haus ahnte etwas Schlimmes. Ein Mitbewohner wollte sich mit ihm treffen und war überrascht, dass er ihm nicht die Tür öffnete. Dann schaute er nach zwei Tagen durch sein Fenster und sah den leblosen Körper im Bett liegen. Es war schrecklich und er alarmierte sofort die Polizei.

Dieses so plötzliche Sterben machte mich sehr traurig. Ich war wie gelähmt. Warum nur wurde das Leben von Thomas so jung ausgelöscht? Aber es gibt Fragen, auf die ich keine Antwort weiß. Trost in solchen mysteriösen Umständen hole ich mir aus meiner Bibel. So schlage ich das 15. Kapitel aus dem 1. Korintherbrief auf. Dort heißt es: „Der Tod ist verschlungen in den Sieg. Tod, wo ist dein Stachel, Hölle, wo ist dein Sieg? Gott aber sei Dank, der uns den Sieg gegeben hat durch unseren Herrn Jesus Christus." Und dann folgt im letzten Vers noch eine kraftvolle Ermahnung: „Seid fest, unbeweglich und nehmt immer mehr zu in dem Werk des Herrn und wisset, dass eure Arbeit nicht vergeblich ist in dem Herrn." So will ich in meinem Leben lernen, mich diesen Herausforderungen zu stellen, und will zunehmen in der Liebe für Menschen in Not. Ich will ihnen das Zeugnis von Christus nicht schuldig bleiben. Meine Arbeit empfängt von Gott seinen Lohn, obwohl ich weiß, dass ich eine unnütze Dienerin im Reich meines Vaters im Himmel bin, auch wenn ein Schicksal wie das von Thomas so tragisch endet. Ich befehle diesen jungen Mann der Gnade Gottes an. Das ist mein Trost.

Paul Le Seur – ein Rufer zu Gott

Für Paul Le Seur waren Kindheit und Jugend nicht vom Glanz überstrahlt. Genau diese Schwierigkeiten rüttelten in ihm die Sehnsucht nach Gott wach. Einer seiner Klassenkameraden verstarb noch in seiner Schulzeit und dieser frühe Tod weckte in ihm den Anstoß, Gott zu suchen. Außerdem traf er mit dem späteren Reichskanzler Otto von Bismarck zusammen, der vom Evangelium schon berührt war. Dessen Frau, eine geborene von Puttkammer, war nämlich überzeugte Christin. Diese beiden Anlässe ließen ihn zum Neuen Testament greifen, und er war von der Gestalt Jesu Christi fasziniert.

Geboren wurde er am 18. Juli 1877 in Berlin. Mit 18 Jahren lernte er den CVJM in der Wilhelmstraße kennen. Sein zaghaftes Fragen nach Gott machte ihn mit dem Forstmeister Eberhard von Rothkirch bekannt, der damals den Kreis für junge Männer leitete. Paul Le Seur schreibt selbst über diese Zeit:

„Eine Frage von unserem Leiter hat mich nicht mehr losgelassen: ‚Haben Sie einen lebendigen Heiland?‘ Ich zögerte und murmelte so etwas wie: ‚Tjach‘. Von Rothkirch ließ nicht locker: ‚Überlegen Sie einmal, Sie wären verlobt, und ich würde Sie fragen, ob Sie eine Braut haben. Käme dann die Antwort auch so unsicher über Ihre Lippen? Wenn Sie mit Jesus in einer lebendigen Beziehung stünden, würden Sie mir sicher ein klares Ja zur Antwort geben. Sie wüssten es, wenn Jesus Ihr Heiland wäre.‘“

Von dieser Stunde an ließ ihn die Frage von Eberhard von Rothkirch nicht mehr los. Er suchte die Nähe dieses Mannes und wieder war es eine Frage, die ihn mitten ins Herz traf: „Lesen Sie täglich das Wort von Gott?“ Er konnte keine gewisse Antwort darauf geben und wies darauf hin, dass er gerade mit dem Studium der Theologie begonnen habe und sich mit den Fragen der Bibel beschäftigen würde. Aber diese Antwort war für den Leiter des CVJM nicht befriedigend. So bohrte er weiter: „Lesen Sie die Heilige Schrift zu Ihrer persönlichen Erbauung? Darf ich Sie noch einmal an meine erste Frage nach Ihrer Braut erinnern? Wenn Sie verlobt wären und hätten Ihre Verlobte herzlich lieb und sie würde weit von Ihnen entfernt leben und schriebe Ihnen täglich einen Brief, würden Sie ihre Briefe dann lesen?"

„Natürlich", dachte Le Seur laut.

„So ist es auch mit dem Wort Gottes. Jeden Morgen liegt es auf dem Tisch. Lesen Sie darin, um Jesus dadurch besser kennenzulernen und seine Beziehung zu ihm zu festigen und seinen Willen besser zu verstehen und in herzlicher Liebe mit ihm verbunden zu sein?"

Diese Frage schlug bei Paul Le Seur ein wie ein Blitz. Von Rothkirch lud ihn auch in den CVJM ein, damit er hier mehr über Jesus Christus erfahren sollte. Noch aber war sich Le Seur nicht sicher, was er tun sollte. Doch er überwand seine Zweifel und nahm an den Bibelstunden dieses Vereins teil. Es war beim Nachdenken über das Ringen Jesu im Gethsemane, als er sich bewusst wurde: „Für mich ging Jesus auf Golgatha ans Kreuz." Dabei musste er zugeben, dass er zuvor noch nie etwas über Bekehrung gewusst hatte. Aber er war jetzt überzeugt, dass er den festen Grund für sein Leben gefunden hatte und dieser Anker ewig halten würde.

Nach seinem Theologiestudium wurde Paul Le Seur ein vollmächtiger Evangelist. Diese Botschaft musste den Menschen verkündigt werden. Jahr für Jahr war er bereit, eine dankbare Hörergemeinde in seiner Kirche in Stuttgart zu versammeln. Da er eine Zeitschrift mit dem Titel „Der Hochweg" herausgab, gelang es ihm, viele Menschen unter seiner Kanzel zu versammeln. Dann aber erweiterte er seinen Verkündigungsbereich, reiste durch ganz Deutschland und machte sich auch auf den Weg nach Amerika und Russland. Seine wunderbare Verkündigungsgabe brachte er besonders bei der Jugend ein. Es war Adolf Stöcker – auch ein begnadeter Verkündiger –, der ihn 1905 nach Berlin in die Stadtmission holte. Nach dem Tode Stöckers hielt Paul Le Seur auf seiner Kanzel die so wichtigen Predigten, die vor allem junge Menschen unter das Kreuz Jesu riefen. 1912 gelang es ihm, auch das Jugendhaus der Freien Jugend in Neukölln einzuweihen. „Jesus und die Jugend gehören unbedingt zusammen", rief er in die vollbesetzte Feier. Bei Forstmeister von Rothkirch wurde er besonders auf die Dringlichkeit der Seelsorge am einzelnen Menschen hingewiesen. Adolf Stöcker legte ihm die sozialen Nöte und die Ausgrenzung vieler Menschen in der Gesellschaft auf sein Herz. Seine Arbeit im CVJM war dadurch besonders geprägt.

Sein Motto und sein Programm fasste er in die Worte: „Die Königsherrschaft Jesu Christi werde unter den jungen Männern und durch deren Dienst in der Welt zur Tat." In seinen Erweckungspredigten rief er die Menschen zur Entscheidung für Jesus auf, aber auch zu einem sozialen Verantwortungsbewusstsein. Nur so könne Gottes Wille für die Menschen in die Wirklichkeit umgesetzt werden. In seinem Buch „Herrscher, herrsche!" fand er scharfe Worte für dieses Problem. Ihm lag die Erneuerung der Gesellschaft in Deutschland auf dem Herzen. So predigte er: „An den Christen lernt die Welt, den Herrn Christus zu achten oder zu verachten." Harsche Kritik übte er an denen, die zu den Bevorrechteten gehörten. „O, ihr Stützen von Altar und Thron, ihr Leute von Bildung und Besitz, die ihr euch Christen nennt! Sehen eure Dienstboten und Untergebenen, eure Angestellten und Rekruten in eurem Tun etwas von Jesus und seiner Herrlichkeit?“ Er warnte davor, in der Selbstgenügsamkeit die Hände in den Schoß zu legen und vom Egoismus und der Selbstsucht zerfressen zu werden. „Gott ist ein strenger Richter und wird solche verdorbenen Menschen vor Gericht ziehen. Nur in der Begegnung mit Jesus kann die Heilung erfolgen.“ So lauteten seine Worte. Und er fuhr fort auszurufen: „Nur die Königsherrschaft Jesu Christi ist die Antwort auf alle sozialen Fragen.“ So blieb er ein tüchtiger Rufer zu Jesus Christus.

Von 1925 bis 1933 leitete Le Seur die Jugendhochschule auf dem Hainstein bei Eisenach. Aber dann schloss die nationalsozialistische Partei dieses Werk. Von da an stand Paul Le Seur bis zu seinem Tod im evangelistischen Dienst.

Sein Motto lautete: „Jesus starb nicht, damit wir mühelos leben. Er brachte nicht sein heiliges Leben zum Opfer, um uns das Opfer zu ersparen, sondern um unser Opfer annehmbar zu machen. Als Sterbende leben wir, und unser Sterben ist für die Welt eine Botschaft zum Leben. Nicht das ist unser Dienst, das Wort vom Weizenkorn zu verkündigen, sondern ein Weizenkorn zu sein, das stirbt. Dann werden wir viel Frucht bringen und unser Vater im Himmel wird geehrt.“

Der Brötchentütenmissionar

In einem stattlichen Dorf wurde ein Kirchenvorsteher von starken Schmerzen geplagt. Als er zum Arzt ging, war die Diagnose erschütternd: Krebs mit Metastasen in der Lunge. Die Lebenszeit, die der Doktor dem noch jungen Familienvater von zwei Kindern einräumte, betrug nur noch höchstens zwei Jahre. Das war ein Schock für den Mann, seine Frau, seine zwei Kinder, aber auch für all die andern in seiner lebendigen Gemeinde, für die er sich schon vor einer Reihe von Jahren in den Dienst gestellt hatte. Es begann eine notvolle Zeit mit mehreren Operationen und Krankenhausaufenthalten. Als sein Leben sich dem Ende neigte, wollte der Kranke gerne seine letzten Tage zu Hause verbringen. Liebevoll wurde er von seiner Frau gepflegt. Auch der Seelsorger vor Ort besuchte ihn fast jeden Tag, meist am Vormittag, las mit ihm einen Psalm, betete und sang ihm auch mal ein tröstendes Lied vor. Den Freund des Kranken, Bäckermeister Friedrich, so will ich ihn hier nennen, nahm der Pfarrer morgens oft mit. So erlebte dieser das vollmächtige Evangelium und die Hoffnung, die Christen geschenkt wird, wenn sie in Gottes Herrlichkeit eingehen. Durch das Lesen der Botschaft in der Bibel und das Beten wurde der Bäckermeister in seinem Herzen berührt und übereignete sein Leben Christus. Freude bewegte ihn nun, aber auch die Traurigkeit, dass er einen guten Freund verlieren würde.

Er überlegte, was er in dieser Gemeinde nun tun könnte, um noch andere Menschen zum Glauben an Jesus zu führen. Seine Idee, die er entwickelte, war einzigartig. Er ließ 10.000 Brötchentüten mit Einladungen für den Glaubenskurs in der Gemeinde drucken. In seinen Geschäften wurden die Kunden mit jeder Brötchentüte an den intensiven Bibelgesprächskreis im Gemeindehaus erinnert. Dieses Tun führte zu einem enormen Erfolg. Der Pfarrer war über die vielen Anmeldungen begeistert. Er musste einen Glaubenskurs mit fast 40 Personen duchführen. Daraus entstand dann ein neuer Hauskreis in der Gemeinde.

Solch einen missionarischen Eifer, wie ihn

der Bäckermeister entwickelte, wünsche ich mir auch. Die frohe Botschaft, wie Menschen den Weg zu Christus finden können, gilt es auf vielerlei Weise weiterzusagen, auch durch bedruckte Brötchentüten. So kann eine Gemeinde wachsen.

Die Erweckung und das Lied

Es ist erstaunlich, wie gerade in den Erweckungszeiten das Lob Gottes einen hohen Stellenwert erreichte. Gott ehren, ihn loben und ihm dienen, das war das Motto der Gläubigen. So wurde die geistliche Erneuerungsbewegung vor allem durch das Lied gefördert. Bekehrung, Glaubensgewissheit und Heiligung waren die Themen, die gerade im Lied ihren Ausdruck fanden. Mit großer Begeisterung wandten sich die Menschen den Chorälen zu. In Gottesdiensten, Konferenzen und auch in den Häusern der Christen wurde viel gesungen.

Ein Beispiel will ich hier anführen. Es war während der Einweihung eines großen Saals in Halle in den Franckeschen Stiftungen, als über 1400 Schüler zur Anbetung Gottes bewegt wurden. Am 4. August 1711 versammelten sich die Kinder im oberen Saal und die erste Singstunde wurde eingeführt. Sie regte viele Jahre ununterbrochen die Schüler zum Singen an. Gerade war zu diesem

Zweck ein neues Gesangbuch erschienen und mit fröhlichen Herzen sangen die Waisen und anderen Zöglinge ihre Melodien. Dieser ermutigende Gesang lockte auch die Erwachsenen an und oft waren es mehr als 2000 sangesfreudige Menschen, die sich in die große Halle drängten.

Es ergab sich, dass nach dem Singen eine Predigt folgte, die die Menschen in die Beziehung zu Gott führte. Diese Prägung ging vor allem auf Philipp Jakob Spener und August Hermann Francke zurück. Schon in seiner Jugend wurde Spener durch das Buch von Johann Arndt „Vom wahren Christentum" zum Glauben an Jesus geführt. Später kam er dann nach Frankfurt und predigte hier nicht nur am Sonntagmorgen von der Kanzel, sondern regte seine Gemeindeglieder auch dazu an, in ihren Häusern das Wort Gottes zu betrachten. Um die Menschen zum Bibelstudium anzuleiten, schrieb er zu Arndts Buch wichtige Gedanken zur Einführung, die er „Pia desideria" nannte. Übersetzt heißt das: „Fromme Wünsche". Diese wurden aufmerksam gelesen, beachtet und befolgt. Sie lösten eine Bewegung zu Gott hin aus, die dann später Pietismus genannt wurde.

In seinen Ausführungen wies Spener darauf hin, dass es den Predigten damals an Glauben mangele und dadurch das Feuer des Geistes Gottes nicht zur glühenden Fackel in den Hörern entfacht werden könne. Die Schwierigkeiten und Wunden, die die Kirche gefährdeten, würden nicht gesehen, und die Verkündigung behandle oft nur Lehrstreitereien. Reue, Buße, Glaube und Bekehrung seien Themen, die darin wenig Platz fänden. Spener gab Anregungen dafür, wie die Kirche neu auferbaut werden könnte. Allein der Same des Wortes Gottes, wie er in den Bibelarbeiten der Hausversammlungen ausgestreut wurde, könne zu einer inneren Erneuerung beitragen. Nicht nur die Pfarrer seien für die Ausbreitung des Evangeliums zuständig, sondern jeder Mensch solle sich in die Heilige Schrift vertiefen, damit der Glaube und die Liebe zu Jesus wachsen könnten. Die Lehre vom Wort Gottes müsse auch zur Tat führen. Theologische Auseinandersetzungen und Streitereien seien dem Lauf des Evangeliums hinderlich. Es gelte, viel füreinander zu beten und sich in Sanftmut beizustehen. Außerdem lag Spener auch die Ausbildung der jungen Theologen am

Herzen. Vor allen Dingen sollte unter ihnen das Christuszeugnis weiten Raum einnehmen. Nur so könnten sie in den Gemeinden zu Rufern für Christus werden.

Der Pietismus hat vor allem durch Männer wie Spener und Francke seine Prägung erhalten. Außerdem waren es die Lieder, die dazu einen kräftigen Beitrag leisteten. Auf ein Lied will ich hier besonders eingehen: „Jesu geh voran".

Es gehört zu den Melodien, die mir schon in meiner Jugend eindrücklich wurden. Gedichtet wurde es von Graf Nikolaus Ludwig von Zinzendorf. Es war das Lieblingslied meines Vaters, und wir haben es ihm oft zu seinem Klavierspiel gesungen. Das Jahr 1719 gab für den jungen Graf Zinzendorf den Anstoß zu diesem Lied.

In der Düsseldorfer Gemäldegalerie stand er vor dem Bild des Gekreuzigten. Seine Verwandten, die sehr vermögend waren, hatten ihm nach bestandenem Examen der Rechtswissenschaft die Geldmittel zur Verfügung gestellt. Er sollte seine Allgemeinbildung erweitern und eine weite Reise über Frankfurt, Düsseldorf, Holland und Paris unternehmen. Die Welt sollte er kennenlernen.

Nun stand er in einer Galerie vor dem Bild des Christus am Kreuz. Kindheitserinnerungen holten ihn dabei ein. Als Sechsjähriger war er in der Andacht über das Leiden Jesu so ergriffen gewesen, dass er schon damals den Entschluss gefasst hatte, nur für diesen Herrn Christus zu leben, der ja auf Golgatha sein Blut für ihn vergossen hatte. In seiner kindlichen Einfalt schrieb er damals einen Brief an Jesus Christus, teilte ihm seinen Entschluss mit und warf diesen Zettel aus dem Fenster. Sicher würde ihn Jesus finden, dachte er in seinem zarten Gemüt. Während der Schulzeit besuchte er das Internat der Franck'schen Stiftungen in Halle, in dem auch adlige Zöglinge aufgenommen wurden. Er gründete mit seinen Mitschülern den „Senfkornorden", der es sich zum Ziel gesetzt hatte, für die Bekehrung der Juden und Heiden zu beten. In Wittenberg studierte er dann nach bestandenem Abitur Jura, besuchte aber auch theologische Vorlesungen. Ihm war es ein Anliegen, mehr über die Person Jesu zu erfahren. Später schrieb er einmal: „Ich habe schon von Kindheit an ein Feuer in meinen Gebeinen gespürt, die ewige Gottheit und die herzliche Liebe Jesu mit hinreißender Begeisterung zu predigen. Mein Herz lebt, wenn es von Gott hört.“

Unter dem Passionsbild, vor dem er in Düsseldorf stand, konnte er die Worte des Malers lesen: „Das tat ich für dich – was tust du für mich?“ Zinzendorf fühlte sich von dieser Frage tief getroffen.

Später sagte er dann darüber: „Die erste Liebe hat etwas Majestätisches an sich. Sie frisst die Feinde. Die größten Schwierigkeiten sind ihr wie ein Bissen Brot. Die Märtyrer gingen in den Tod, als ob es zu einem Gastmahl gehe. Was nicht in Jesu Nähe geschrieben und ihm zuliebe ausgestanden ist, darüber kann ich mich nicht freuen. Ich habe nur eine Passion, und das ist Er, nur Er. Es ist meine tägliche Meditation: Ach möchte ich dem leidenden Herrn, dem, der meine Seele liebt, der meine Freude und Wonne ist, gefallen.“

Die Schrift unter dem Gemälde in Düsseldorf bewegte Zinzendorf dann schließlich dazu, das Lied „Jesu, geh voran“ zu dichten. Das war seine Antwort auf die dringliche Frage des Malers. Erst sehr viel später wurde der Text des Liedes schließlich veröffentlicht.

Ein Lied wird zu einem tiefen Erleben

Mein Vater war schwer an Darmkrebs erkrankt. Die Ärzte gaben ihm nur noch wenige Monate zu leben. Er aber kämpfte gegen diese Krankheit an. „Ich werde sie besiegen“, war seine Reaktion. Aber es war Gottes Plan, Vater in seine neue Welt heimzuholen. Auf seinem Sterbebett lasen wir ihm Psalm 23 vor. Es war zudem das Lied „Jesu, geh voran“, das in ihm die Sehnsucht nach Christus wachrief. Noch in seinen letzten Stunden faltete er seine Hände und betete. Für mich war dies ein wunderbares Geschenk. Ich wusste, Vater will nun mit Jesus leben, und ich werde ihn in der Herrlichkeit bei Gott wiedersehen. Dieses Wissen löste in mir eine große Freude aus, mitten im Leid. Sicher ist es da verständlich, dass ich dieses Lied des Grafen Zinzendorf gern singe.

„Jesu, geh voran auf der Lebensbahn!
Und wir wollen nicht verweilen,
dir getreulich nachzueilen;
führ uns an der Hand bis ins Vaterland.

Soll's uns hart ergehn, lass uns feste stehn
und auch in den schwersten Tagen
niemals über Lasten klagen;
denn durch Trübsal hier geht der Weg zu dir.

Rühret eigner Schmerz irgend unser Herz,
kümmert uns ein fremdes Leiden,
o so gib Geduld zu beiden;
richte unsern Sinn auf das Ende hin.

Ordne unsern Gang, Jesu, lebenslang.
Führst du uns durch raue Wege,
gib uns auch die nöt'ge Pflege;
tu uns nach dem Lauf deine Türe auf."

Ein Lied aus Indien

In der christlichen Welt ist das Lied „Ich bin entschieden, zu folgen Jesus“ weithin bekannt. Es wurde in viele Sprachen übersetzt. Gedichtet hat es Sadhu Sundar Singh. Er lebte von 1889 bis 1929 in Indien. Eine Missionsschule hatte ihm einmal eine Bibel geschenkt. Er aber verbrannte sie am 18. Dezember 1904 aus Hass und Wut. Über mehrere Jahre hatte er sich mit den verschiedenen Religionen befasst und die heiligen Bücher des Hinduismus, des Islam und noch anderer Religionsgemeinschaften studiert. Er suchte nach Frieden, aber sein Herz blieb unruhig, obwohl er sich mit Meditation und Yoga befasste. Sein inneres Verlangen nach einem helfenden Gott konnte nicht gestillt werden. Die Bibel warf er ins Feuer, weil er fürchtete, sie könnte ihn zum Christentum bekehren. Oft war er total verzweifelt und so hatte er beschlossen, am 18. Dezember Selbstmord zu begehen, wenn er in dieser Nacht nicht den inneren Frieden fände, den er so sehnsüchtig suchte. Er rang in seiner Seele und betete, doch scheinbar wurde er nicht erhört. Aber gegen fünf Uhr in der Frühe erblickte er in seinem Zimmer ein helles Licht und ein Angesicht, das ihn mit strahlenden Augen anblickte. Sein erster Gedanke war, dass er wohl einer heidnischen Gottheit begegnet sei. Doch plötzlich hörte er eine Stimme in seiner Sprache: „Wie lange willst du mich verfolgen? Ich bin für dich gestorben und habe für dich mein Leben gegeben."

Sadhu Sundar Singh war sofort klar, dass er Jesus begegnet war. Er wusste, Christus ist nicht tot, sondern er lebt. Er warf sich auf seine Knie und betete den Gottessohn an. In diesem Augenblick kehrte großer Friede bei ihm ein und er wurde von göttlicher Liebe ganz durchdrungen. Er ging zu seinem Vater und sagte ihm, dass er jetzt Christ geworden sei. Der Vater war außer sich vor Ärger und Entsetzen. Er redete auf seinen Sohn ein und versuchte, ihn umzustimmen. Ein reicher Onkel führte ihn sogar in seine Schatzkammer und versprach ihm all den Reichtum, wenn er zu der Religion seiner Ahnen, der Sikhs, zurückkehren würde. Aber Sadhu

Sundar Singh war fest entschlossen, in die Nachfolge Jesu zu treten. Sogar der oberste Fürst eines Stammes wollte ihn zum väterlichen Glauben überreden. Doch alle Versprechungen und Zusagen fruchteten nicht bei ihm. Er blieb bei seiner Entscheidung, Christus als seinen Herrn und Heiland anzunehmen.

Darauf verstieß ihn die Familie. Sie wollten ihn sogar töten und mischten ihm Gift in die letzte Mahlzeit, die er zu Hause zu sich nahm. Schreckliche Schmerzen überfielen ihn und er konnte sich gerade noch zu einer christlichen Siedlung schleppen. Dort brach er zusammen. Schnell wurde ein Arzt herbeigerufen, aber dieser vermochte ihm nicht zu helfen und gab ihn auf. Sundar aber war sich bewusst, dass sein letztes Stündlein noch nicht geschlagen hatte. Für Gott wollte er leben und noch viele Menschen in die Nachfolge Jesu rufen. Der Höchste stand ihm in dieser schrecklichen Nacht bei. Sundar betete ernstlich und auch andere Christen falteten für ihn die Hände. Als die gefährlichen Stunden vorübergingen, trat eine Wende ein und er wurde wieder gesund. Schon kurz danach, am 3. September 1905, ließ er sich taufen.

Nachdem er wieder zu Kräften gekommen war, zog er das gelbe Gewand an, das einen indischen Asketen kennzeichnet, und begann das Evangelium zu verkündigen: zunächst in seiner Heimatstadt und dann auch in der näheren Umgebung. Aber schon bald zog er in den Norden des Subkontinents und ging nach Afghanistan und in die Stadt Kaschmir. Mit 19 Jahren reiste er nach Tibet. Dort im Hochland des Himalaja-Gebirges bezeugte er Jesus. In dieser Gegend hatten bisher buddhistische Priester die christliche Mission verboten. Und doch entdeckte er einzelne Christen und sogar Missionare. Einige Jünger Jesu nahmen sich seiner an. Aber es gab auch einen wütenden Buddhisten, der ihn in einen leeren Brunnen warf, einen Deckel darüberstülpte und ein Schloss daranhängte. So war er ein zum Tode verurteilter Christ. In der Tiefe des Brunnens lagen bereits mehrere Leichen.

Drei Tage musste er in diesem grausigen Schacht zubringen. Doch sein Herr und Heiland schenkte ihm in dieser schändlichen Gruft einen tiefen Frieden. Er betete zu Gott und der Himmel erhörte ihn. In der dritten Nacht wurde er entdeckt und ein Mann half ihm aus dem Verlies heraus. Sundhar hat nie erfahren, wer sein Retter war. Zu dem Deckel des Brunnens gab es nur einen Schlüssel und den verwahrte sein Ankläger. Als dieser plötzlich Sundhar am nächsten Tag begegnete, erschrak er und befahl ihm, die Stadt sofort zu verlassen.

In den Jahren, die folgten, studierte Sundhar Theologie und wurde in der anglikanischen Kirche als Diakon angestellt und ordiniert. Danach erhielt er eine Berufung zum freien Evangelisten, zog durch die Lande und verkündigte vollmächtig die Botschaft von Jesus. Er besuchte Palästina, Deutschland und die Schweiz und war glücklich, den Erzbischof von Schweden Nathan Söderblom kennenzulernen. Von Europa kehrte er tief enttäuscht nach Indien zurück. Er hatte sich blühende Gemeinden erhofft, sie aber nirgends entdecken können. Das Wort Gottes fand bei den Menschen hier nicht ein solch offenes Ohr, wie er es sich vorgestellt hatte. Tanz, Theater und andere Vergnügungen stahlen den Menschen die Zeit zum Beten. Sein Lied aber hat auch bei uns Eingang in die christliche Gemeinde gefunden.

„Ich bin entschieden zu folgen Jesus.
Niemals zurück, niemals zurück.

Ob niemand mit mir geht,
doch will ich folgen.
Niemals zurück, niemals zurück.

Die Welt liegt hinter mir,
das Kreuz steht vor mir.
Niemals zurück, niemals zurück.“

Kurz nach dem Ersten Weltkrieg unternahm er noch einmal eine Reise nach Tibet, von der er aber nicht mehr zurückkehrte. Keiner kann sagen, ob er als Blutzeuge für Jesus starb oder in einer Höhle des Himalaja-Gebirges bis zu seinem Tode lebte. Wir aber wissen ihn in der neuen Welt Gottes, die diesen treuen Zeugen in ihre Herrlichkeit aufgenommen hat.

Wunderbare Gespräche

Heute Morgen klingelt das Telefon ständig. Für unseren Sohn, der nicht in Marburg wohnt, sollen wir eine Garage vermieten. Er hat mich gebeten, die Anrufe entgegenzunehmen. Eigentlich bin ich sehr skeptisch, ob mir dies gelingen würde, denn in unserem Stadtteil wohnen die meisten Menschen in einem Eigenheim mit Garage. So bin ich überrascht, dass Nachbarn ganz in unserer Nähe anfragen, ob sie ihr Boot, ihre Räder und Sommermöbel bei uns abstellen können. Ich kann aber die Garage nur einem Mieter geben, und so ist es immer unangenehm, allen andern absagen zu müssen.

Bei einer Dame fällt es mir besonders schwer, sie mit einer Absage zu enttäuschen. Schon bei ihren ersten Sätzen merke ich, wie traurig sie ist. Sie weint zwischendurch und erzählt mir, dass sie vor vier Monaten ihre Mutter verloren habe. Dabei war sie erst 65 Jahre, aber der Krebs habe alle Hoffnung auf Genesung zerstört. Eigentlich geht es in unserem Gespräch gar nicht mehr um die Garage, sondern nur darum, wie ich sie recht trösten könnte. Frau Frank muss nämlich die Wohnung ihrer Mutter auflösen und weiß nicht, wo sie die Möbel aufbewahren soll. Trennen will sie sich nicht von der fast neuen Küche, dem Schlaf- und Wohnzimmer. Mutter und Tochter waren sehr eng miteinander verbunden, sodass sich Frau Frank nicht vorstellen kann, die wertvollen Betten, Schränke, Kommoden und Sessel zu verkaufen oder zu verschenken. Die Bindung an ihre liebe Mutter ist noch außergewöhnlich stark, sodass ihr das Loslassen fast unüberwindlich scheint.

Daher erzähle ich ihr vom Heimgang meines Vaters, der mir in meinem Leben sehr bedeutungsvoll war und den ich herzlich liebte. Aber nun weiß ich ihn in der Herrlichkeit bei Gott und das ist mein Trost.

So machte ich Frau Frank Mut, auch ihre liebe Mutter Gott anzubefehlen und sie in seinen Händen wohl geborgen zu wissen. Gewiss ist der Schmerz groß. Die Trauer um einen geliebten Menschen braucht Zeit, manchmal sogar viel Zeit. Aber das ist das Ermutigende: Bei Gott kann ich weinen, wenn es mir schwer ums Herz werden will. Hat Jesus nicht auch Tränen vergossen? Als er sich Jerusalem näherte, bekümmerte es ihn mächtig, dass gerade die Pharisäer und die Obersten seines Volkes wenig Verständnis für das Evangelium aufbrachten. Ja, sie forderten sogar von ihm, er möge seine Jünger tadeln, weil sie vor Freude über seinen Einzug in Jerusalem Gott lobten und ausriefen: „Gelobt sei, der da kommt, ein König, im Namen des Herrn. Friede sei im Himmel und Ehre in der Höhe!" Und dann sah Jesus die wunderbare Stadt Jerusalem und vergoss viele Tränen, weil gerade die Schriftgelehrten vom Wort Gottes und seiner Person unberührt blieben. Tränen sind wertvolle und kostbare Gaben, die sogar von unserem Herrn und Heiland gezählt werden.

Heute Nachmittag dann habe ich Frau Frank zu einer Tasse Kaffee eingeladen. Und so bitte ich Jesus, dass er unser Gespräch segnen möge. Diese Trauernde braucht Zuversicht und neue Hoffnung, sodass sie dann aus dankbarem Herzen sprechen kann: „Meine Augen werden Gottes Herrlichkeit sehen und meine Freude wird ewig sein, denn Gott wird mich an meiner rechten Hand fassen und mir zusprechen: Fürchte dich nicht, ich helfe dir."

Lena ist gestorben

Heute ist ein Tag, der mich von einem Trauerfall in den andern stürzen will. Die Spruchkarte, die mir der Postbote in den Briefkasten warf, hat mich tief erschüttert.

So saß ich im Sessel und las bewegten Herzens: „ Hallo, Frau Bormuth, unsere liebe Lena ist zwölf Tage nach ihrer Herztransplantation verstorben. Sie ist nicht mehr aus der Narkose aufgewacht. Wir sind in der Familie alle untröstlich. Mein Sohn leidet unsäglich. Ich bitte Sie um Ihr Gebet, liebe Frau Bormuth, denn wir sind verzweifelt.“

Mich traf diese Nachricht auch schwer. Acht Wochen zuvor saß diese hübsche junge Frau bei mir im Wohnzimmer. Sie erzählte sehr zuversichtlich, dass ihr durch eine Herztransplantation nun geholfen werden könne. In letzter Zeit empfand sie eine große Schwäche und war mehrmals während ihrer Arbeit als Frisörin ohnmächtig geworden. Im Grunde sei sie froh, dass dieses Elend nun in einer Spezialklinik behoben werde.

Als ich sie fragte, wann sie denn diese Diagnose erfahren habe, berichtete sie mir Folgendes: „Als ich fünfzehn Jahre alt war, merkte ich zum ersten Mal, dass ich in der Schule oft sehr müde und schlapp war. Meine Mutter ging mit mir zum Arzt und er überwies mich gleich zu einem Kardiologen. Mein Herzmuskel war geschädigt und seitdem musste ich Medikamente nehmen. Danach ging es mir bald besser und ich konnte wieder fast normal leben. Glücklich war ich, als ich das Abitur geschafft hatte.

Ich wollte in einer Apotheke arbeiten. Meinen Freund Tobias kannte ich schon aus meiner Schulzeit. Wir waren gute Freunde und liebten uns immer mehr und mehr. Seit meinem 16. Lebensjahr wusste ich, dass er mein Partner fürs Leben ist. Ich merkte auch schon bald, dass mein Freund mich brauchte. In seinen Entscheidungen war er zögerlich, manchmal auch labil. Ihm fehlte auch der Vater, der schon mit 36 Jahren verstorben war. So half ich ihm und fühlte mich auch als die Stärkere. Tobias war fünf Jahre älter als ich und hatte zu Beginn seines Studiums Schwierigkeiten. Zu spät wurde mir bewusst, dass er seine Probleme mit

Alkohol zu vertuschen suchte. Ich war fest entschlossen, ihm aus dieser Krise herauszuhelfen, und wir kamen beide überein, dass er eine Suchtklinik aufsuchte. Dies war für ihn kein leichter Entschluss. Aber er war tapfer, zog seine Therapie durch und überwand die Sucht. Hoffnung erfüllte nun unsere Liebe, bis ich merkte, dass bei mir die Kräfte schwanden. Aber noch immer nahm ich all meinen Mut zusammen und strengte mich in meinem Beruf mächtig an. Nach mehreren Ohnmachtsanfällen wechselte ich den Beruf und suchte mir eine andere Aufgabe, die mir leichter fiel. Aber auch hier passierte es öfter, dass mir bei der Arbeit schlecht wurde.

In Gießen in einer Spezialklinik wurde ich untersucht, und die Diagnose lautete: ‚Sie brauchen ein neues Herz. Aber Sie sind noch jung und werden die Transplantation gut überstehen. Nun gilt es auf ein Spenderherz zu warten. Am besten lassen Sie sich gleich in die kardiologische Abteilung einweisen. So wird es leichter, dass Sie zu den Bevorzugten gehören und die Operation bald durchgeführt werden kann.' Die Ärzte waren sehr hoffnungsvoll und machten mir

Mut. Ich habe auch jetzt keine Angst und bin froh, wenn ich wieder wie ein normaler junger Mensch leben kann."

Das Gespräch mit Lea bewegte mich; denn eine Herztransplantation ist kein leichter Eingriff. „Lena, ich werde für Sie beten." – „Danke, Frau Bormuth!", war ihre Reaktion.

Es war ein glückliches Zusammentreffen, dass dem jungen Paar ganz in unserer Nähe eine Zweizimmerwohnung angeboten wurde. Aber leider konnte es nur acht Tage darin wohnen, dann raffte der Tod die junge Frau dahin. Wie würde es nun mit Tobias weitergehen? Lena fehlte ihm sehr.

Während der Zeit auf der Intensivstation wich er keinen Augenblick von ihrer Seite. Seine Hoffnung war groß gewesen, dass Lena Heilung erfahren würde. Aber nun musste er doch in einer bewegenden Trauerfeier Abschied von ihr nehmen. Wie soll er den Schmerz und die Trauer verkraften? Er hat sein Liebstes verloren.

Ich musste auch an die Mutter von Tobias denken. Sie ist Witwe und hat zudem eine Tochter, die im Rollstuhl sitzt. Unsäglich groß ist ihr Leid. Lange habe ich überlegt, wie ich ihr helfen könnte. Dann griff ich zum Telefon und sprach mit ihr. Wir beteten miteinander und legten diese Not in Gottes Hände. Dann bat ich noch die Leiterin der Frauenarbeit in ihrer Stadt, sie möge doch diese Mutter aufsuchen und ihr seelsorgerlich beistehen. Den Namen von Tobias und seine Adresse gab ich auch an eine Marburger Gemeinde weiter. Er brauchte jetzt dringend einen Freund an seiner Seite, der ihm durch seine dunklen Tage helfen würde. In solch notvollen Situationen ist eine Begleitung dringend nötig.

Auf der Spruchkarte, die mir Tobias' Mutter schickte, las ich folgenden Vers: „Über aller Sorge und trotz allem Leid gibt es eine Wahrheit, die unser Leben immer wieder mit Hoffnung erfüllen kann: Gott liebt uns." Nun gilt es diese Wahrheit zu erproben.

Eine Hiobsgestalt

Es gibt Menschen, deren Kinder nicht auf Rosen gebettet sind. Gleich bei der Geburt ähneln ihre Körperchen einer Hiobsgestalt. So war es auch bei Fritz Oetzbach. Schwere Behinderungen wies sein Leib auf, und schon der erste Anblick konnte einer Mutter Angst machen, die sich voller Bangen fragte: „Was soll aus meinem Kindchen werden?"

Als Fritz das Licht der Welt erblickte, wusste die Hebamme sofort: Dieser Junge wird nie wie ein anderes Kind laufen, springen und tanzen können. Bucklig war der kleine Kerl, schwach und elend. In Wülfrath im Rheinland wurde er am 10. April 1850 geboren. Total verkrüppelt kam der Säugling auf die Welt. Und als ob dies des Leids nicht genug sei, nahm ihm der Tod seine liebe Mutter schon sehr früh weg, gerade als er sechs Jahre alt geworden war. Es war ein Glück, dass der Junge liebevolle Großeltern und Tanten hatte, die sich seiner annahmen, ihn versorgten und erzogen.

Im Bergischen Land fand zu der Zeit, als er das Licht der Welt erblickte, eine große Erweckung statt, und mit dreizehn Jahren wusste sich Fritz in die Gemeinschaft mit Jesus gerufen. Eine tiefe Freude erfüllte ihn. Äußerlich ging es ihm wirklich schlecht und keiner, der diesen jungen Menschen gesehen hat, hätte ihm ein längeres Leben zugetraut. Er litt unter heftigen Krämpfen. Magengeschwüre bereiteten ihm Schmerzen und eine Nervenschwäche brachte ihn mehrmals an den Rand des Todes. Und doch wusste er sich von Gottes Gnade getragen. Zweimal bat er gläubige Christen, für ihn zu beten, wie es in Jakobus 5,13-15 steht: „Leidet jemand unter euch, der bete; ist jemand guten Mutes, der singe Psalmen. Ist jemand unter euch krank, der rufe zu sich die Ältesten der Gemeinde, dass sie über ihm beten und ihn salben mit Öl in dem Namen des Herrn. Und das Gebet des Glaubens wird dem Kranken helfen, und der Herr wird ihn aufrichten; und wenn er Sünden getan hat, wird ihm vergeben werden."

So salbten ihn zwei Glaubensbrüder mit Öl und riefen über ihm den Namen Gottes aus, damit er Heilung von seinen vielen

Leiden erfahren möge. Und tatsächlich. Dieser bucklige Mann erfuhr Linderung seiner Schmerzen und konnte sich nach siebeneinhalb Jahren wieder auf seine gelähmten Füße stellen und laufen. Das Wunder Jesu löste große Freude in seinem Herzen aus. Er konnte jetzt so manchen Besuch machen und reiste sogar in andere Länder. Für Fritz Oetzbach tat sich eine neue Welt auf. Er wurde ein eifriger Missionar und bezeugte den Menschen die gewaltigen Taten Jesu. Seine Verwachsungen und seinen Buckel musste er zwar weiter tragen, aber er konnte wieder laufen. Das war eine ganz besondere Wohltat für ihn. Die Freude über dieses einmalige Erleben spürten ihm die Menschen ab. So wunderten sie sich über ihn und er gewann Fürsten und Adlige zu seinen Freunden. Wenn er von Gottes bewegender Gnade sprach, dann leuchteten seine Augen und die Zuhörer empfanden das wunderbare Glück dieses verkrüppelten Menschen. Es gab Männer und Frauen, die ihn darum baten, ihnen mehr von Gottes herrlichen Taten zu erzählen. So wurde er ein tapferer und mutiger Rufer zu Gott und oft flehte man ihn an: „Bitte, Bruder Fritz, hilf mir zu finden, was dir geschenkt wurde.“ Dieses Gebet erfüllte ihm der Herr oft.

Durch seine schwere Behinderung konnte er zwar keinen Beruf ausüben, aber es war erstaunlich, wie viele Christen ihn mit köstlichen Gaben unterstützten, sodass er nie Not litt. Für sein Essen, seine Kleidung und sogar für seine vielen Reisen, die er um des Evangeliums willen unternahm, wurden ihm die Hände mit Geld gefüllt. Immer mehr Freunde und Spender gewann er. Aber er war nur von einem Wunsch beseelt, dass er in der Verbindung mit Christus sein demütiges Werkzeug bliebe.

Einmal bekannte er: „Aus meinen Briefen legte ich manches beiseite in dem Gedanken, es zum Nutzen anderer zu veröffentlichen. Als ich aber mancherlei wieder durchlas, fand ich ein ordentliches Wohlbehagen daran, alle die Gebetserhörungen mir zu vergegenwärtigen. Ich merkte, wie der Feind mir zuflüsterte: ‚Der Herr hat dich doch schon viel gebraucht.‘ Gottlob, diese Stimme erkannte ich und sagte in vollem Ernst: ‚Hebe dich von mir, Satan, du willst mich zum Hochmut verführen.‘ Da nahm ich alle Briefe, setzte sie ans Feuer und verbrannte sie. Nur drei habe ich aufgehoben, sie kamen von lieben Freunden, die mich ermahnten, doch recht demütig zu bleiben. Ich habe diese Brüder besonders lieb, denn sie dienten mir mehr, als sie es selber wissen. Von da an verbrannte ich alle Briefe, die ich bekam, damit der Versucher nicht noch einmal auf dieser Seite einen Anknüpfungspunkt finden sollte."

Sein heilendes Erleben, das er durch Jesus erfahren hatte, gab er auch an andere weiter und oft legte er ihnen betend die Hände auf. So wurde er ein Mensch von einer herzlichen Liebe und einem tiefen Vertrauen in Gottes Macht. Ihm war es geschenkt, die Einzigartigkeit Jesu Christi anderen vor Augen zu malen. So berichtete er:

„Ich könnte euch hundert Geschichten erzählen, aus denen ihr erkennen müsstet, wie Gott so wunderbar Tag für Tag für mich gesorgt hat. Ich war nie reicher als seit der Zeit, da ich nichts hatte. Ich habe viele Reisen gemacht, bin zehnmal durch die Schweiz, einmal durch Frankreich, Holland und Afrika gekommen, und bin jetzt im Begriff, nach Russland zu gehen. Seit 1881 bin ich nicht mehr krank gewesen. Ihr wundert euch?

Nein, wundert euch nicht, dass Gott seine Verheißungen hält."

Aber das größte Wunder blieb für ihn, wenn durch seine Verkündigung Frauen, Männer und Kinder im Glauben Jesus ihr Leben anvertrauten, frei wurden von Schuld und fröhlich Gott bezeugten. So wurde sein Leben reich. Viele freuten sich, wenn sie ihn zum Freund gewinnen konnten. Schwester Eva von Tiele-Winckler, die Oberin der Aidlinger Schwesternschaft, lud ihn oft in ihr Mutterhaus ein und wurde ihm selbst eine Mutter in Christo.

Im September 1909 befand sich Bruder Fritz bei adligen Freunden in Livland. Aber dort überkam ihn eine entsetzliche Schwäche und er ahnte, dass Gott ihn bald in sein himmlisches Reich holen würde. Schnellstens wollte er heim nach Rathingen in sein kleines Stübchen. Aber diese Reise war zu lang. Im Zug in Riga holte ihn der gnädige Gott in seine Herrlichkeit. Er wurde auch in der Fremde zu Grabe getragen. Schwester Eva von Tiele-Winckler ließ es sich nicht nehmen, von weither zu seiner Beerdigung zu kommen. Hoffnungsvoll sang die Gemeinde an seinem Grab das Lied:

„Wenn nach der Erde Leid, Arbeit und Pein
ich in die goldenen Gassen zieh ein,
wird nur das Schaun meines Heilands allein
Grund meiner Freude und Anbetung sein.

Wenn dann die Gnade, mit der ich geliebt,
dort eine Wohnung im Himmel mir gibt,
wird doch nur Jesus und Jesus allein
Grund meiner Freude und Anbetung sein.

Dort vor dem Throne im himmlischen Land
treff ich die Freunde, die hier ich gekannt;
dennoch wird Jesus und Jesus allein
Grund meiner Freude und Anbetung sein.

Refrain:
Das wird allein Herrlichkeit sein,
das wird allein Herrlichkeit sein,
wenn frei von Weh ich sein Angesicht seh,
wenn frei von Weh ich sein Angesicht seh."

So wurde ein armes, von Leid geplagtes Menschenleben in Gottes neue Heimat hineingenommen, wo es keinen Tod und auch keinen Schmerz mehr geben wird.

Kleider machen Leute

Heute stand Sophie – mit diesem Namen stellte sich das junge Mädchen bei mir vor – an unserer Tür und klingelte. Ich bat sie herein und bot ihr einen Platz auf der Couch an. Zunächst war ich über ihr Aussehen schockiert. Noch nie in meinem Leben hatte ich eine solch zerrissene Jacke gesehen. Der halbe Rücken und die Schultern waren bloß. Auch die Ärmel waren zum Teil herausgerissen und auf der Vorderseite konnte man bis auf den Nabel sehen. Bei der kurzen Hose waren die Nähte an der Seite aufgetrennt und der Reißverschluss fehlte total. Ich mochte die Zwanzigjährige kaum ansehen, denn ich hätte etwas Peinliches entdecken können. Aber schnell überwand ich die Vorurteile und wandte mich ihr zu. Die junge Frau hatte ein so schönes Gesicht. Immer wieder musste ich es mir ansehen.

„Können Sie mir eine Wohnung geben?", fragte Sophie zaghaft. „Ich habe im Augenblick keine Bleibe. Meine Vermieterin hat mir gekündigt, weil sie Monteure und Leiharbeiter aufnehmen will. Von ihnen kann sie mehr Geld verlangen, als das Sozialamt für mich zahlt. Die letzte Nacht habe ich bei einer Freundin geschlafen. Aber länger darf ich bei ihr nicht bleiben. Bitte, nehmen Sie mich auf. Sie sehen ja, ich habe alle meine Habe schon im Rucksack mitgebracht." Mit großen Augen schaute mich Sophie an.

Ich wusste nicht recht, wie ich mich verhalten sollte. Das junge Mädchen brauchte wirklich Hilfe. Aber wie würden unsere Nachbarn reagieren, wenn sie diese in Lumpen gekleidete Frau bei uns ein- und ausgehen sähen? In unserem Wohngebiet leben viele vornehme Menschen: Ärzte, Lehrer, Rechtsanwälte, Bauunternehmer und Banker. Ihre Gärten und Eigenheime sind kleine Schmuckstücke. Meist stehen zwei Autos in den Garagen. Ihre Häuser sind sehr gepflegt und mit vielen Blumen geschmückt. Auch unser Haus ist wunderschön. Vor etwa 11 Jahren wurde es gebaut. Unser Garten – wir pflanzen meistens Gemüse an – wird von meinem Mann fachmännisch bewirtschaftet. Früher war das meine Aufgabe, aber seitdem mein Mann im Ruhestand ist, hat er das Sagen, was auf unserem großen Grundstück angepflanzt wird. Ich kümmere mich nur noch um die Blumen.

Wir nehmen sozial schwache Menschen bei uns auf. Einige kommen direkt aus dem Jugendgefängnis und finden nur schwer eine Wohnung in der Stadt. Das kann natürlich auch bei uns zu Problemen führen, wenn z. B. die Musik zu laut ist oder sie durch ihre Kleidung Anstoß erregen. Diese Leute werden uns meist von der Diakonie geschickt. Dass wir aber auch auf eine gute nachbarschaftliche Beziehung bedacht sind, darauf achte ich. Inzwischen wissen unsere Mieter, wie sie sich zu verhalten haben, denn sie wohnen gerne in dem Vorort von Marburg. Cappel ist ringsum von Wald umgeben. Die Straßen in unserem Wohngebiet sind auch nicht stark befahren, und die Nachtruhe wird eingehalten.

Aber bei Sophie fiel es mir nicht so leicht, sie auf ihre lumpige Kleidung anzusprechen. Ein Stoßgebet zum Himmel half mir, freundliche Worte für sie zu finden: „Sophie, Sie sind ein so schöner junger Mensch. Ich wünschte, ich hätte Ihr attraktives Gesicht. Ich weiß, Sie werden es mir nicht übel nehmen, wenn ich Ihnen eine andere Jacke und Hose von mir geben würde. Sie sollen hier in unserem Wohngebiet nicht negativ auffallen, wenn die Nachbarn Sie sehen; denn dann werden sie zu mir kommen und mich fragen, wen ich denn da wieder aufgenommen hätte. Das will ich gern vermeiden. Darf ich Ihnen einfach ein paar Sachen von meiner Garderobe bringen?“

„Ach, wissen Sie, Frau Bormuth, ich merke schon gar nicht mehr, dass ich mit meinen alten, zerrissenen Kleidern auffalle. Ich habe mich an mein Outfit gewöhnt. Von meiner Jacke möchte ich mich eigentlich gar nicht mehr trennen. Sie ist ein Geschenk von meinem Vater, und ich ziehe sie jeden Tag an. Die Hose stammt aus der Altkleidersammlung. Aber wenn Sie mir andere Klamotten geben, dann ziehe ich sie gerne an. Vor allen Dingen möchte ich wieder ein Dach über dem Kopf haben und bei Ihnen bleiben. Sie sollen auch durch mich keine Schwierigkeiten mit den Nachbarn bekommen.“

„Danke, Sophie, dass Sie so viel Verständnis für mich aufbringen.“ Bei diesen Worten verschwinde ich im Schlafzimmer und werde auch gleich fündig. Meist habe ich zu viele Kleidungsstücke im Schrank. Im Bad zieht sich Sophie um und ist fast nicht wiederzuerkennen. Ihr neues Outfit erfreut mich und gern zeige ich ihr jetzt die Wohnung in unserem Haus. Sophie ist begeistert von ihrem sonnigen, schönen und praktisch eingerichteten Zimmer. „Darf ich wirklich hier einziehen?"

„Aber klar", ist meine Antwort.

„Danke, danke, jetzt habe ich endlich ein Bett für meine müden Glieder. Sie glauben gar nicht, wie schwer mir die Wohnungssuche gefallen ist. Überall wurde ich abgewiesen. Das hat mich traurig gemacht. Frau Bormuth, Sie sind sehr lieb zu mir."

Und mit diesen Worten verabschiedet sich Sophie von uns.

Diese Begegnung mit Sophie ruft in mir die Erinnerung an den vergangenen Sonntag wach. Unser Sohn hielt den Gottesdienst. Als Predigttext hatte er die Geschichte vom „Verlorenen Sohn" in Lukas 15 gewählt. Ganz neu wurde mir der Blick für den Vater geöffnet, der um seinen arroganten, äußerst schwierigen, ja störrischen Sohn bangt. Stolz und aufmüpfig tritt er nämlich vor seinen Vater und verlangt sein Erbe. Es ist schon erstaunlich, dass der Vater ihm stillschweigend sein Hab und Gut ausbezahlt. Erwartungsvoll zieht nun der Sohn in die Ferne. Seine Taschen sind voll mit Goldschekel. Nun kann er eigene Wege gehen und tun und lassen, was ihm gefällt. Eine Party jagt die andere. Viele Freunde umgeben ihn und feiern üppige Feste. Es kommt ihm gar nicht in den Sinn, daran zu denken, wie schwer sich sein Vater abgemüht hat, dieses Erbe zu erwirtschaften. Das Geld flutscht ihm nur so durch die Finger. Viel zu spät kommt er zu der Einsicht, dass ihm nun nicht mehr viel zum Leben übrig bleibt. Er muss sich bei einem Bauern verdingen und die Säue hüten. Hungern muss er und darf sich noch nicht einmal vom Schweinefutter ernähren. Elend ist ihm zumute.

Plötzlich bewegt ihn nur noch ein Gedanke: Wäre ich doch bloß bei meinem Vater geblieben! Seinen Tagelöhnern geht es viel besser als mir. Sie haben genug zu essen, und ich verkomme hier im Elend. Ich will mich aufmachen und zu meinem Vater gehen und will ihm sagen: „Vater, ich habe gesündigt gegen den Himmel und vor dir. Ich bin nicht wert, dass ich dein Sohn heiße."

Das war die beste Entscheidung, die er für sein Leben treffen konnte. Sofort macht er sich auf den Weg und darf die größte Überraschung erfahren. Noch ist er weit von seinem Heimatort entfernt und doch sieht er schon, wie sein Vater auf ihn wartet und ihm entgegenläuft. Er fällt seinem Sohn um den Hals, drückt ihn fest an sich und gibt ihm einen Kuss auf die Wange. Ihn stört es nicht, dass seinem Jüngsten der Geruch des Schweinestalls anhaftet und er in Lumpen gehüllt ist. Jetzt ist für den Vater nur noch Freude angesagt: „Mein Sohn war in der Ferne, aber nun ist er heimgekehrt“, verkündet er allen, denen er begegnet. Hand in Hand gehen Vater und Sohn dem Haus entgegen. Dann richtet der Vater für den einst Verlorenen ein herrliches Fest aus. Er sorgt dafür, dass er die zerrissenen, stinkenden Kleider ablegen kann. Ein Festgewand wird ihm gebracht, und an seiner Hand glänzt nun ein kostbarer Ring. „Mein Sohn war verloren, aber er ist wieder daheim“, erzählt er allen, die sich über dies plötzliche Fest wundern. Dem Vater laufen bei diesen Worten die Freudentränen über die Wangen.

Für mich ist dies eine der schönsten Liebesgeschichten in der Bibel. Sie ist uns zum Vorbild geschrieben. Auch ich darf Sophie meine herzliche Liebe zeigen, ihr in unserem Haus eine Heimstatt geben und sie auch in saubere, schöne Kleider hüllen. Dieser Fremden darf ich meine Wertschätzung entgegenbringen und in ihr den Menschen sehen, der wunderbar von Gott geschaffen und geliebt ist. Sophie soll spüren, dass sie überaus wertvoll geachtet ist in Gottes Augen.

Bernd Meier berichtet aus seinem Leben

Meine Mutter war oft der Verzweiflung nahe, weil der Krieg immer schrecklichere Dimensionen annahm. Das deutsche Volk litt unsäglich. Täglich konnte man seitenweise die Namen der gefallenen Soldaten in den Zeitungen lesen. Außerdem wurden die Bombardierungen der Städte immer schlimmer. Auch Sachsen geriet in das Visier der feindlichen Luftangriffe. Jeder hoffte nur, dass es ihn nicht treffen würde. Zunächst warfen die englischen Flieger über dem Rheinland ihre Bomben ab und zerstörten Essen, Köln, Duisburg und noch andere Städte. Dann aber waren Stuttgart, Pforzheim, Mannheim, Kassel an der Reihe. Hamburg erlebte einen schrecklichen Feuersturm, der fast die ganze Stadt niederbrannte, und auch an Sachsen ging das Übel nicht vorüber. Dresden wurde am 13. und 14. Februar 1945 völlig zerstört. Tausende von Menschen verbrannten durch die entsetzlichen Phosphorbomben. Über der Stadt breitete sich noch nach Tagen der stinkende Leichengeruch aus. Aus Verzweiflung stürzten sich brennende Frauen, Kinder und Männer in die Elbe, um die Flammen zu löschen, aber auch der Fluss war durch die Phosphorbomben zu einer vernichtenden Hölle geworden.

Wunderbare Kirchen, Bibliotheken, Galerien und noch viele andere herrliche Gebäude fielen den Flammen zum Opfer. Es ist zum Staunen, dass heute die Frauenkirche aus den Trümmern neu erstanden ist und darin Gottesdienste und Konzerte stattfinden. Auch Chemnitz wurde von den Amerikanern und Engländern angeflogen. Als die Wetterlage denkbar schlecht war und die Stadt an diesem Tag unter dichtem Nebel lag, flogen die Bomber weiter und warfen ihre zerstörerische Last erst über Annaberg und dann auch über meiner Heimatstadt Buchholz ab. Sie mussten nämlich ihre schweren Bomben loswerden. Es ist überaus traurig, dass das schöne Erzgebirge von solchen Kriegseinflüssen nicht verschont geblieben ist.

Meine Mutter vernahm den Hinweis aus dem Radio, dass die feindlichen Flieger im

Anflug seien, und sorgte sofort dafür, dass wir Kinder in den Luftschutzräumen untergebracht wurden. Die bange Frage bewegte die Menschen: Werden wir den Angriff überleben und gesund und unversehrt wieder unsere Wohnungen aufsuchen können? Denn der Feuerschein von Dresden war auch bei uns gesichtet worden. Die kleinen Kinder schrien und die Alten stöhnten und quälten sich mit ihren Gehhilfen in die dicht gedrängten Keller. In einigen Ecken des Luftschutzraumes sammelten sich die Christen und beteten um Bewahrung in großer Not. Ja, sie riefen laut zu Gott. Jüngere und kräftige Personen wurden wieder aus den Kellern geholt und für den Brandschutz eingesetzt. So konnte auch meine Mutter nicht bei uns bleiben. Auch Krankenschwestern mussten sich um die Versorgung der Verletzten kümmern. Außerdem wurde auf schnellstem Wege die Apotheke ausgeräumt, damit das Verbandsmaterial und die Medikamente in Sicherheit waren. Meine Mutter wurde überall gebraucht.

Am 14. und 15. Februar 1945 wurde Annaberg bombardiert. Der Schaden blieb zum Glück gering. Dann aber kam Buchholz an die Reihe. Es war eine wohlhabende Stadt mit einer Reihe von Industriegebäuden und Fabriken. Meine Heimatstadt hatte auch eine Menge Geschäfte, die gern von Kunden aus der Umgebung aufgesucht wurden.

Meine ältere Schwester übernahm die Verantwortung für mich und musste auf mich aufpassen. Ich war noch keine zwei Jahre alt. Mein sechsjähriger Bruder war gerade bei seinem Freund. Wie viel Angst stand meine Schwester um uns beide aus. Sie war ja selbst erst acht Jahre alt. Schon der Überflug der amerikanischen Bomber erschütterte die Luft, und ihr Getöse ließ uns das Grauen empfinden. Als dann die Bomben fielen, schrien die Menschen im Keller laut auf. Sie blieben aber im Luftschutzraum bewahrt. Nachdem die Sirenen Entwarnung gegeben hatten, wollten alle schnellstens aus ihrem Gefängnis heraus. Aber das war unmöglich, weil Ziegel und Geröllmassen den Ausgang versperrten.

Später erzählte Mutter mir, dass sie am meisten Angst davor hatte, den schrecklichen Erstickungstod zu sterben. Aus diesem Grund trug sie immer Zyankalikapseln bei sich. Sie war ja die Frau eines Arztes. Immerhin, so dachte sie, ist ein Freitod leichter zu ertragen, als elendiglich um das bisschen Luft zu ringen und doch sterben zu müssen. So überlebten wir, weil Mutter nicht bei uns war.

Einen Notausgang gab es in diesem Keller nicht. Ich weinte und schrie entsetzlich, und meine Schwester wusste nicht, wie sie mich beruhigen konnte. Aber plötzlich drangen Laute an unser Ohr und von der Straße hörten wir Stimmen. Wir waren entdeckt! Unter großer Anstrengung wurde der Schutt vor unserem Ausgang entfernt und unsere Tür konnte geöffnet werden. Im Nachhinein danke ich heute noch meinem Gott und unseren Rettern, dass wir alle in der Familie bewahrt geblieben sind. Wie heißt es doch in der Bibel: „Bei Gott ist kein Ding unmöglich." Wir atmeten tief durch, als wir endlich Licht sehen konnten. Wie groß war unsere Freude, als wir Mutter in die Arme laufen konnten.

Und doch haben Menschen durch die schrecklichen Bombenabwürfe einen Schaden für ihr ganzes Leben bekommen. Meine Schwester leidet heute noch unter Albträumen und hat sich damals geschworen: „Nie mehr werde ich in meinem Leben in einen Luftschutzbunker gehen."

Unsere Stadt war nach diesem Angriff kaum wiederzuerkennen. 34 Gebäude wurden zerstört und 229 Häuser beschädigt. Auch unsere Kirche hatte einen Treffer abbekommen und brannte völlig aus. Vierhundert Menschen waren obdachlos geworden. Acht Bewohner starben an diesem Tag, und zwei Vermisste waren zu beklagen. Bis 1949 waren noch überall die Ruinen zu sehen. Und doch ist es erstaunlich, wie viele Leute, vor allen Dingen die Frauen, sich am Aufbau ihrer Stadt beteiligten. Die Männer waren nämlich meistens noch an der Front oder in Gefangenschaft. Mit Mitteln aus Westdeutschland konnte auch die Kirche wieder aufgebaut werden. Es gab aber auch großzügige Spender vor Ort. Am 4. Oktober 1981 wurde unsere Katharinenkirche wieder feierlich eingeweiht.

Der Krieg dauerte noch bis zum Mai 1945. Mein Vater – er war Oberstabsarzt – erhielt Kurzurlaub. Das Wiedersehen mit ihm war überaus herzlich. Aber dann musste er wieder an die Front zurück. Meine Mutter und meine Schwester begleiteten ihn bis nach

Chemnitz. Der Abschied fiel ihnen sehr schwer und es flossen eine Menge Tränen. Würden sie ihn je wiedersehen? Mein Vater riet Mutter noch, sie solle Buchholz mit den Kindern schnellstens verlassen und zu ihren Verwandten nach Saaz ziehen. Wahrscheinlich würde sie dort in der Tschechei nicht in Gefahr sein, von Bomben getroffen zu werden. In dieser Stadt war Mutter geboren worden, und mein Großvater besaß hier eine große Möbelschreinerei. In seiner Werkstatt arbeiteten auch Tschechen.

Am 19. Februar 1945 verließen wir Buchholz. Unsere Wohnung bot Mutter dem früheren Zahnarzt Dr. Meyer an. Aus Freude und Dank, dass wir nun unser Inferno verlassen konnten, ließ Mutter ihm unsere Möbel und alle Sachen zurück. Ihre selbstlose Haltung macht mich heute noch dankbar, und ich denke an das Bibelwort: „Was ihr getan habt einem der geringsten Brüder, das habt ihr mir getan."

Mit nur wenig Gepäck, das wir zum Überleben brauchten, begaben wir uns auf die Reise, die für uns verheerende Folgen haben sollte. Aber zunächst waren meine Großeltern froh, dass sie uns in ihre Arme schließen konnten. Wir Kinder gewöhnten uns sehr schnell an die neue Umgebung. Besonders liebten wir den großen Garten, in dem wir spielen und toben konnten. Aber unsere Sorge galt unserem Vater. Würden wir ihn wiedersehen? Hier half nur noch das Beten, denn die Kriegsereignisse forderten viele Opfer. Ich selbst wurde später durch meine Verwandten in Buchholz zum Beten veranlasst, und das war auch bitter nötig. Mein Freund Joachim Störzel – er war dreizehn Jahre alt – litt an einer schweren Herzerkrankung. Das machte mich schrecklich traurig. In meinem Gebet dachte ich immer an ihn und hoffte auf Heilung, aber er starb trotzdem.

Mit dem Chemiebaukasten von Joachim durfte ich auch manchmal Versuche durchführen. Aber ich hatte wenig Ahnung, wie man damit umgehen musste. Einmal schlug ein Experiment fehl und unsere Gardinen fingen Feuer. Doch für mich führten diese ersten Versuche dazu, dass ich später Chemie studierte und Lehrer wurde.

Dass Hitler das Sudetenland Deutschland einverleibte, empfanden seine Bewohner nicht als gerecht. Manche Tschechen ahndeten dies später als schlimme Unterdrückung und lehnten sich dagegen auf.

Besonders schlimm litten die Juden unter den Nazis. In Theresienstadt wurde ein KZ eingerichtet, aus dem dann die Häftlinge nach Auschwitz transportiert wurden und dort in den Gaskammern qualvoll starben. Dieser Rassenhass gegenüber den Juden war purer Wahnsinn.

In Saaz ging meine Schwester zur Schule. Da aber die jungen deutschen Lehrer an die Front eingezogen waren, stellte man Hilfskräfte ein. Der Unterricht war eine Katastrophe, und die Kinder wurden brutal und ungerecht behandelt. Außerdem gab es auch hier Fliegeralarm. Wir waren vom Regen in die Traufe gekommen. Wieder mussten wir in die Keller fliehen. Meiner Schwester steckte noch die Angst von dem Erleben in Buchholz in den Gliedern. Ein zweites Mal wollte sie nicht verschüttet werden. Schon der Gedanke daran rief Panik in ihr hervor. Auf dem Weg in die Bunker riss sie sich von uns los und rannte davon. Sie lief über einen Acker mit dem Namen *Mutter-Gottes-Feld.* Eine wunderschöne Marienfigur sollte die Menschen daran erinnern, dass sie durch

Maria geschützt waren und auch gute Ernten erwarten durften.

Im Nachhinein wird mir bewusst, dass auch meine Schwester eine außergewöhnliche Bewahrung erfahren hat. Noch zwei andere Mädchen rannten über das Feld, als plötzlich Tiefflieger auftauchten. Laut war das Tac, Tac aus den Maschinengewehren zu hören. Annemarie lief, so schnell sie ihre Füße tragen konnten, auf das Haus ihrer Großeltern zu. Total abgehetzt kam sie hier an. Die Großeltern schimpften sie energisch aus, dass sie nicht wie alle andern Bewohner im Bunker Schutz gesucht hatte. Aber bei meiner Schwester bewahrheitete sich das Wort aus Psalm 91,11-12: „Denn er hat seinen Engeln befohlen, dass sie dich behüten auf allen deinen Wegen; dass sie dich auf den Händen tragen und du deinen Fuß nicht an einen Stein stoßest." Annemarie war gerettet, aber die beiden anderen Mädchen wurden von den Kugeln der feindlichen Tiefflieger getroffen und starben. Der Saazer Tagesanzeiger berichtete über diesen schrecklichen Vorfall der beiden getöteten Kinder und stellte dann fest: ‚Und von dem dritten Kind fehlt jede Spur.'

Dieses Ereignis beschäftigt mich bis heute. Der Tod der beiden Kleinen lässt mich nicht zur Ruhe kommen, und viele Fragen quälen mich: Warum? Das dritte Mädchen war nämlich meine gerettete Schwester. Aber auf derlei Fragen werden wir wohl nie eine verlässliche Antwort finden.

Saaz wurde von den Russen eingenommen und sogleich besetzt. Wir hatten noch Glück, denn unsere Besatzer waren nicht so brutal wie an anderen Orten. Die einst feindlichen Soldaten waren besonders Kindern gegenüber freundlich eingestellt. Meine beiden Brüder durften sogar in ihrem Jeep mitfahren, obwohl meine Großeltern sehr dagegen waren. Einmal haben zwei russische Soldaten, die total betrunken waren, ihnen eine geladene Pistole geschenkt. Meine Mutter war außer sich, als die Jungen die Pistole mit nach Hause brachten. Ihnen war die Gefahr nicht bewusst, ja, sie waren glücklich über diese einzigartige Errungenschaft. Für meine Großeltern bedeutete diese Pistole eine tödliche Gefahr. Wäre sie in unserem Haus entdeckt worden, dann hätte man Opa und Oma an die Wand stellen und erschießen können. Lange überlegten sie, was sie mit dieser gefährlichen Waffe tun sollten. Meine Mutter hatte den besten Einfall. Im Garten stand ein tiefer Brunnen. So wurde die Waffe noch beschwert und auf Nimmerwiedersehen ins Wasser geworfen.

Aber mit Pistolen gab es auch noch ein lustiges Erlebnis. Einmal schickte Großmutter Wolfgang in die Drogerie. Er sollte für sie Sidolin einkaufen, denn ihr Putzmittel war zur Neige gegangen. Brav ging der Sechsjährige los und war sogar stolz darauf, für Oma einen Auftrag erledigen zu dürfen. Freundlich fragte der Verkäufer das Kind? „Na Junge, was willst du haben?" Stotternd brachte er seinen Auftrag vor. „Meine Oma will gern eine Pistole." Im Laden schmunzelten die Kunden. „Pistolen gibt es hier nicht. Und warum braucht deine Großmutter eine Pistole?" Verärgert ging der kleine Kerl mit hängendem Kopf nach Hause. Mit leeren Händen erschien er bei seiner Oma, die ihn gleich fragte: „Wo hast du denn das Sidolin?"

„Oma, Pistolen gibt es nicht im Laden", brachte er schluchzend hervor.

Alle in der Küche lachten, Großmutter aber drückte ihren Enkel fest an sich und tröstete ihn.

Das Zusammenleben mit den Besatzern wurde im Lauf der Zeit immer bedrückender. Viele Familien wurden aus ihren Häusern vertrieben und die Russen zogen ein. Sie waren ja auch die Sieger und wir die Verlierer. Oft mussten wir uns in der Scheune verstecken, wenn die Patrouillen durch die Straßen zogen. Da lagen wir im Heu und mussten uns ganz still verhalten. Ich mit meinen kaum zwei Jahren war für meine Familie ein Problem. Wenn Gefahr drohte, wurde mir Stroh vor den Mund gehalten. Als plötzlich die Soldaten die Leiter hochkamen, schrie ich laut los und spuckte das Stroh aus. Meiner Familie verschlug es die Sprache. Würden sich die Soldaten jetzt an den Frauen und jungen Mädchen vergehen? Zum Glück waren die Russen in unserer Scheune so betrunken, dass sie nicht ausmachen konnten, woher der Schrei gekommen war. So blieben wir vor allem Übel verschont.

Meine Mutter, Großmutter und auch meine Tante wurden aufgefordert, für die russischen Offiziere zu kochen. Sie verlangten immer nach einem köstlichen Essen und tranken kräftig Wodka dazu. Eine gute Esskultur ließen sie vermissen. Wenn sie betrunken waren, hatten wir alle Angst vor ihnen, weil sie so unberechenbar waren. Einmal sprang ein Offizier auf den Tisch und fing laut an zu singen. Der Tisch geriet ins Wackeln, das Geschirr fiel zu Boden, aber die Männer hörten nicht auf zu singen und zu tanzen. Erst als sie stark betrunken waren, torkelten sie aus unserem Haus. Ihre Hinterlassenschaft sah katastrophal aus. Auf dem Fußboden lagen die Scherben, und das Tischtuch war zerrissen. Stühle und Sofa waren von der Suppe und Soße beschmiert und die Möbel beschädigt. Es waren unsere Teller, Tassen, Bestecke, Tischtücher und auch unsere Möbel. Wir waren entsetzt und lebten in ständiger Angst.

Und doch haben wir auch Schönes erlebt. Eines Tages kam ein Offizier allein zu meiner Mutter. Er war ein gebildeter Mensch und sprach fließend deutsch. „Frau Meier", begann er das Gespräch, „ich möchte Ihnen eine wichtige Mitteilung machen. In drei Tagen werden die Tschechen Saaz besetzen und ein grausames Blutbad anrichten. Sie werden einen Teil der Männer bestialisch ermorden." Meine Mutter war darüber mächtig entsetzt. Vor Schrecken blieb ihr der Mund offen stehen. Tränen liefen ihr übers Gesicht. „Wir haben doch den Tschechen nichts Böses getan: Muss ich nun meine Heimat verlassen?“ Sie überlegte hin und her und beschloss schließlich, so schnell wie möglich Saaz hinter sich zu lassen. Auch ihre Verwandtschaft wollte sie über den bevorstehenden Angriff gegen die Deutschen informieren, damit sie ebenfalls fliehen konnten. Es war eine schwerwiegende Unterredung, die meine Verwandten bis in die Nacht hinein miteinander führten. Ihr Herz blutete bei dem Gedanken, dass sie den Ort ihrer Geburt verlassen mussten. Die Bluttat sollte ein Racheakt für alle Schikanen und alles Böse sein, das die Deutschen den Tschechen in der Zeit der Besatzung angetan hatten.

Meine Mutter musste nun bei den Behörden für sich und ihre Verwandten die Ausreise beantragen. Das war eine mühevolle, schwierige Angelegenheit. Sie brauchte dazu viel Geduld, bis sie die nötigen Dokumente in der Hand hatte. Sie bedeuteten aber für uns das Leben. Es war geplant, dass wir nach Buchholz ausreisten. Der Zahnarzt, der bisher in unserer Wohnung lebte, wurde über unsere Ankunft informiert und war auch sofort bereit, sich eine andere Bleibe zu suchen. In zwei Tagen wären wir dann wieder in der Heimat meines Vaters.

Für meine Mutter stand nun der schwere Abschied aus ihrer Heimat bevor. Seit Jahrhunderten lebten die Deutschen mit den Tschechen in diesem Land. Aber nun galt es, alles hinter sich zu lassen, weil unser aller Leben in Gefahr stand. Einige aus meiner Verwandtschaft hofften, dass sie nach kurzer Zeit wieder in ihre Heimat zurückkehren könnten. Aber das erwies sich im Nachhinein als eine Illusion.

Aber es war nicht allein unsere Familie, die sich nun vor dem Bahnhof für die Abreise bereit hielt. Wie ein Lauffeuer hatte sich die Nachricht von der Besetzung durch die Tschechen in unserer Stadt herumgesprochen. Traurig und mit hängenden Köpfen standen die Menschen an den Bahngleisen in Saaz. Wann aber der Zug für die Abfahrt bereitgestellt würde, das wusste niemand. Erst nach einigen Stunden rollten einige Viehwaggons heran.

Bevor sie aber abfuhren, wurde noch eine Kontrolle durchgeführt. Wertgegenstände, Schmuck und Geld mussten freiwillig abgegeben werden. Wer sich weigerte, dies zu tun, musste um sein Leben bangen. Mein Cousin hatte sich die goldene Uhr seines Großvaters in den Saum seines Mantels einnähen lassen. Bei einem Kind hätte man solch einen Wertgegenstand nicht vermutet. Als sich alle Reisenden anstellen mussten, tanzte er aus der Reihe und war recht bockig. Meiner Tante war sein Verhalten unangenehm und sie schimpfte ihn: „Du dummer Junge!" Aber die goldene Uhr hat er gerettet, denn das aufmüpfige Kind wurde gar nicht erst kontrolliert.

Dann setzte sich der Güterzug in Bewegung. An jedem Bahnhof hielt er und neue Reisende stiegen ein. In Annaberg schließlich war unsere Fahrt zu Ende und bis zu unserer Wohnung war es nicht mehr weit. Mit acht Personen zogen wir in unser Haus ein. Das Zusammenleben gestaltete sich sehr problematisch. Als auch noch mein Vater zu uns stieß, waren wir darüber froh. Er hatte die Zeit an der Front gut überstanden, hatte aber ein schweres Herzleiden davongetragen. Die Kriegserfahrungen waren nicht spurlos an ihm vorübergegangen. Er brauchte viel Ruhe, was in einer solch großen Familie kaum möglich war.

Mein Vater war ein hervorragender Pianist und spielte die Werke der Klassiker – Beethoven, Mozart und Brahms – wie kein anderer. Wenn er üben wollte, war das Zimmer, in dem das Klavier stand, immer belegt. Darüber gab es meist heftige Auseinandersetzungen.

An seiner Seite war es für mich nicht leicht. Ich litt an seiner Unbeherrschtheit, aber Mutter leistete wirklich Großes. Sie musste sich um uns Kinder, den Haushalt und auch um die Praxis kümmern. So war sie ständig überfordert. Auch mit den Launen meines Vaters musste sie umgehen lernen. Die Auseinandersetzungen mit ihm machten mir schwer zu schaffen. Nur bei meiner Oma fand ich Liebe und ein herzliches Verstehen. Leider litt sie sehr an ihren Gichtanfällen. Oft sang ich ihr selbstgedichtete Lieder vor, wenn sie auf der Couch lag und vor Schmerzen stöhnte. Ich betete sogar für sie.

Oft überkam sie ein schreckliches Heimweh nach Saaz. Dann fragte sie mich: „Junge, meinst du, wir kommen noch einmal nach Hause?“ – „Sicher, Oma“, gab ich ihr zur Antwort. Sie lächelte mich daraufhin an und gab sich mit meiner Aussage zufrieden. Im März 1949 starb sie. Es war das erste Mal, dass ich den Tod eines lieben Menschen erleben musste. Ihr Heimgang hinterließ bei mir einen Schock. Noch auf dem Sterbebett schenkte ich ihr ein kleines Sträußchen Himmelsschlüssel.

Heute glaube ich an die Auferstehung Jesu und weiß, dass er alle, die an ihn glauben, in sein himmlisches Reich führen wird. Dann gibt es keine Gichtanfälle und Schmerzen mehr, sondern der Friede Gottes wird uns umfangen.

Nach ihrer Beerdigung musste das schwierige Leben in unserer Familie weitergehen. Es war ein unwahrscheinliches Glück, dass mein Vater wieder als Arzt in seiner Praxis arbeiten konnte; denn die Großfamilie brauchte einen Ernährer. Hungern mussten wir nicht, aber leider herrschte bei uns im Haus keine heitere, fröhliche Atmosphäre. Zum Frühstück saßen wir alle gemeinsam am Tisch. Meistens blieb ich stumm auf meinem Platz sitzen. Weil Vater oft eine Sonderration erhielt, blickte ich manchmal neidisch auf seinen Teller. Wie gerne hätte ich auch einmal Rührei gegessen. Wenn Vater vom Tisch aufstand, kratzte ich mir die Reste von seinem Teller.

Meine Schwester kümmerte sich recht liebevoll um mich. Sie nahm mich auch zu ihren Freundinnen mit, aber diese waren darüber nicht allzu beglückt: „Wenn du das nächste Mal kommst, dann lass deinen kleinen Bruder zu Hause“, schimpften sie.

1949 wurde ich eingeschult. Über die Zuckertüte freute ich mich mächtig. Da ich zu Hause nicht viel redete, hatte ich in meiner Klasse viele Sprachschwierigkeiten. Auch in Mathematik durchschaute ich die Aufgabenstellung nicht immer gleich. Meine Mutter besorgte mir einen Privatlehrer, aber trotzdem blieben meine schulischen Leistungen nur mittelmäßig. Gab es Zeugnisse, dann standen wir in einer Reihe vor meinem Vater. Das war für mich immer ein schwerer Tag und ich schämte mich vor meinen Geschwistern. Am liebsten hätte ich mich in die hinterste Ecke verkrochen. So blieb ich in der Familie recht einsam.

Dieser traurige Zustand änderte sich, als bei uns eine Köchin angestellt wurde. Sie hieß Anni Öser. Oft durfte ich ihr beim Kochen helfen. Seitdem liebe ich es, wunderbare Speisen zuzubereiten. Auch bei der Gartenarbeit griff ich zu. Aber gesundheitlich ging es mir nicht besonders gut. Ich litt unter Migräne. Mein Vater gab mir öfter eine Spritze, aber seine Zuwendung und Liebe hätten mir wahrscheinlich besser getan.

Mit der Zeit wurde ich ein besserer Schüler, und das stärkte mein Selbstbewusstsein. Besonders beglückte mich der Religionsunterricht. Mit großer Freude las ich biblische Geschichten. Meine Schwester war es, die mir Teile der Kinderbibel besorgte. Später allerdings waren mir derlei Schriften nicht mehr zugänglich.

An Alkohol und Zigaretten war ich nicht interessiert und ließ mich auch von Freunden nicht dazu verführen. Ich gewann mehr Freude am Sport und trainierte zielstrebig. Jeden Tag nahm ich mir auch Zeit zum Beten. Aber die völlige Hingabe an Jesus wurde mir erst später geschenkt, nach schweren Krankheiten, die ich überstand.

Nach dem Schulabschluss begann ich eine Lehre in der Spindelfabrik in Neudorf und im Motorradwerk Zschopau als Fräser im Werkzeugbau. Danach studierte ich in Güstrow Pädagogik und die Fachrichtung

Chemie und Technik. Heute danke ich Gott dafür, dass er mich wunderbar geführt hat und ich alle Prüfungen bestand.

Meine Frau lernte ich schon bei meiner Aufnahmeprüfung kennen. Es war Liebe auf den ersten Blick. Am liebsten hätte ich damals einen Kniefall vor ihr getan und sie gefragt, ob sie meine Frau werden wolle. Sie hätte mich aber sicher für verrückt erklärt. Unsere Liebe zueinander wuchs allmählich und wir heirateten noch während des Studiums am 30.12.1966. Meine Familie macht mich sehr glücklich. Wir haben drei Kinder, zwei Söhne und eine Tochter. Leider war uns damals eine kirchliche Trauung nicht vergönnt. Dankbar bin ich dafür, dass meine Frau – bedingt durch meine schwere Erkrankung – zu Christus fand. Im September 2013 ließ sie sich als Erwachsene in der Kirche konfirmieren, und ich bekräftigte mein 55-jähriges Konfirmationsjubiläum. Es war der schönste Tag meines Lebens. Jetzt hoffe ich auf Gottes Segen und erflehe mir von ihm Heilung. Ein Vers der Bibel begleitet mich durch mein Leben, und ich möchte ihn alle Tage in die Tat umsetzen. „Jaget nach der Heiligung, ohne diese wird niemand den Herrn sehen."

Nicht schimpfen, nur freuen

Heute feiert die Gemeinde, in der Daniel – einer unserer Söhne – Pfarrer ist, Konfirmation. Vierzehn Jungen und Mädchen wollen Gott vor dem Altar das Ja ihres Lebens geben. Auch einer unserer Enkel ist unter den Konfirmanden und so sind auch mein Mann und ich als Gäste im Gottesdienst.

In seiner Predigt will Daniel deutlich machen, wie wertvoll seine Konfirmanden in Gottes Augen sind. Dazu hat er einen kostbaren Stein mit auf die Kanzel gebracht. Ein Spaziergänger hatte ihn auf dem Weg im Gebirge gefunden. Zunächst sah der Stein völlig wertlos aus. Die Oberseite war schwarz, schmutzig und mit Schlamm überdeckt. Aber als der Wanderer ihn von der anderen Seite anschaute, staunte er. Er war verblüfft. Als er den Schlamm und den Staub abwischte, leuchtete plötzlich ein herrlich glänzendes Weiß auf. Es war wirklich ein sehr kostbarer Stein, den er mitten im Geröll gefunden hatte. So etwas Wunderbares hatte er zuvor noch nie entdeckt.

An diesem Stein machte Daniel deutlich, dass in uns Menschen auch zwei Seiten stecken, die dunkle schwarze und die weiße glänzende. Letztere leuchtet dann in uns auf, wenn wir Gottes Liebe erfahren und dem Herrn des Himmels unser Ja geben. Welch eine Freude und welch ein Glück strahlen in uns auf, wenn wir die herzliche Zuwendung und Gnade unseres Schöpfers erleben. Die göttliche Liebe ist wohltuend und heilend und erfüllt unser Herz mit Freude. Diese Tatsache führte Daniel uns in der Geschichte vom „Verlorenen Sohn“ aus Lukas 15 vor Augen. Sie birgt wunderbare Wahrheiten in sich, und es lohnt sich, sie immer mal wieder zu lesen.

Mit einem kleinen Erlebnis aus seiner Kindheit beendete Daniel die Predigt:

Ich war auf dem Gymnasium ein recht ordentlicher Schüler, und das Lernen machte mir Spaß. Aber an einem Morgen erlebte ich ein schreckliches Desaster. Wir hatten einen Aufsatz geschrieben und ich wunderte mich schon, warum mein Heft ganz zuunterst lag. Die Lehrerin rief mich dann, als alle Hefte schon verteilt und die Noten verkündet waren, nach vorne. Sie schlug meine Seiten auf und kritisierte den Aufsatz vor der ganzen Klasse:

„So viel rote Tinte wie bei dir, Daniel, habe ich während meiner Tätigkeit als Lehrerin bei einem Aufsatz noch nie vergeudet. Wie konntest du mir nur solch eine Arbeit mit massenhaft Fehlern abliefern? Du warst während der Klassenarbeit total unkonzentriert und gar nicht bei der Sache. Schau dir nur alle Fehler genau an. Was war bloß mit dir los? Ich musste diesen Aufsatz mit ‚mangelhaft' bewerten. Das bin ich von dir nicht gewöhnt. Tu mir dies bitte nicht noch einmal an."

Vor meinen Mitschülern wurde ich so zur Schnecke gemacht. Ich schämte mich mächtig und ärgerte mich auch über Frau Förster, dass sie mich vor der ganzen Klasse bloßgestellt hatte. Aber als ich länger darüber nachdachte, wurde mir bewusst, die Lehrerin hat ja recht.

Missmutig ging ich nach Hause. Ein schwerer Gang stand mir noch bevor, denn ich musste zu meiner Mutter gehen und ihr die Fünf beichten. Sie war im Garten und hängte gerade die Wäsche auf. Ohne ein Wort zu sagen, reichte ich ihr das Heft. Dann kam es stockend über meine Lippen: „Mama, ich habe eine Fünf im Aufsatz geschrieben." Mutter merkte sofort, wie niedergeschlagen ich war, nahm mich in den Arm und sagte: „Daniel, wenn du wüsstest, wie viele Fünfen ich geschrieben habe, dann stündest du nicht so traurig vor mir."

Sie ging mit mir in die Küche, holte ihr Portemonnaie hervor und drückte mir Geld in die Hand. „Geh jetzt und kauf dir ein Eis."

Ich war total überrascht, denn mir war bewusst, dass meine Mutter bei unserer großen Familie immer sehr sparsam sein musste. Ein Eis mitten an einem Vormittag war sonst bei uns nicht üblich. Ein schwerer Stein fiel mir vom Herzen. Fröhlich hüpfte und sprang ich zur Eisdiele, und mein Kummer hatte sich in Freude verwandelt. Noch nie hat mir ein Eis so gut geschmeckt.

Gottes Barmherzigkeit

Noch nie war ich in letzter Zeit so niedergeschlagen wie heute. Über ein Jahr hatte ich mich um Friedrich gemüht. Und nun schien all mein Einsatz umsonst gewesen zu sein. Ganz plötzlich war er bei uns ausgezogen und hatte uns den Rücken gekehrt. Nach einem längeren Krankenhausaufenthalt hatte er zwei Jahre zuvor seine Wohnung verloren und war obdachlos geworden. Im Winter hatte er auf Parkbänken im Botanischen Garten und unter Vordächern von Kaufhäusern geschlafen. Kalt war es im Januar, sogar bitterkalt, und das Thermometer zeigte nachts minus 15 Grad an. So klopfte Friedrich – er war etwa 56 Jahre alt – an unsere Tür. Warum er obdachlos geworden war, danach habe ich ihn nicht gefragt. Ich hatte zunächst Bedenken ihn aufzunehmen. Sein sehr langer grauer Bart störte mich, und auch sonst sah er recht ungepflegt aus. Aber wie kann ein Mensch, der auf der Straße lebt, geschniegelt und gebügelt dahergehen, wenn er keine Waschgelegenheit findet. Ein Zimmer hatte ich frei, aber mir fehlte ein Bett. Ich war in meiner Entscheidung hin und her gerissen.

Schließlich fragte ich unseren Sohn Johannes: „Wie denkst du denn darüber? Soll ich Friedrich aufnehmen? Mir fehlt auch ein Bett.“ – „Mutti, nimm ihn auf. Er braucht ein Dach über dem Kopf. Ein Bett kann ich dir noch heute bringen. Es wird bei uns nicht mehr gebraucht und steht auf dem Speicher.“ Also überließ ich Friedrich das Zimmer und richtete es ihm nett ein. „Kann ich gleich hier bleiben, Frau Bormuth? Meine Sachen habe ich alle im Rucksack verstaut.“ Ich nickte.

Friedrich zog bei uns ein und wir durften wunderbare Erfahrungen mit ihm machen. Sonntags lud ich ihn immer zum Gottesdienst ein, und er stand schon zehn Minuten vor der Abfahrt in die Kirche vor dem Auto und wartete auf uns. Aufmerksam hörte er der Predigt zu. Sonntag für Sonntag saß er neben mir. Als mein Mann und ich eine Freizeit im Harz hielten, buchten wir für ihn ein einfaches Zimmer und luden ihn dazu ein. Gerne fuhr er mit. Sogar die Gebetsstunden versäumte er nicht. Zu der Freizeit einen Monat später nahmen wir ihn wieder mit. Diesmal fuhren wir nach Schwäbisch Gmünd auf den Schönblick. Auch diese Tage gefielen ihm. Seine innere Entwicklung zu Jesus sah hoffnungsvoll aus. Aber dann entdeckten wir ihn eines Tages, als wir spazieren gingen, wie er uns total betrunken und mit blutenden Wunden am Kopf entgegenkam. Angst erfasste uns, als uns ein Wagen entgegenbrauste und Friedrich mitten auf der Straße hin und her torkelte. Wir gaben dem Autofahrer ein Zeichen, vorsichtig zu fahren, und der bremste auch sofort ab. Wir holten Friedrich von der Straße, hakten ihn rechts und links fest ein und brachten ihn in unser Haus. Dort legten wir ihn in sein Bett.

Die Wunden waren nicht so schwer, wie wir zunächst vermutet hatten. Am nächsten Morgen erinnerte er sich nur schemenhaft daran, dass wir es waren, die ihn nach Hause geleitet hatten. Auf ein Gespräch mit ihm verzichteten wir. Das wäre für ihn zu demütigend gewesen.

Leider machten wir in der nächsten Zeit die Erfahrung, dass Friedrich ein echtes Alkoholproblem hatte. Alle fünf bis sechs Wochen fanden ihn Passanten betrunken auf einer Parkbank. Sie holten dann den Krankenwagen, der ihn in die Klinik brachte.

Nachdem er etwa ein halbes Jahr bei uns gewohnt hatte, kam er zu meinem Mann und mir und wollte offen mit uns über sein Alkoholproblem sprechen. „Das ist meine Not. Diese Sucht quält mich sehr. Allein schaffe ich es nicht, davon frei zu werden. Wissen Sie einen Ausweg aus meinem Dilemma?“ Seine Ehrlichkeit machte uns Mut. Wir überlegten lange, zogen Erkundigungen ein und konnten ihm schließlich einen Platz in einer Suchtklinik in Bayern anbieten. Er sagte sofort zu und nur wenige Tage später reiste er dorthin. Der Entzug sei schon recht krass, sagte er mir. Aber er war bereit, die Therapie durchzuhalten. Am Telefon unterstützten wir ihn mit unseren Gebeten. Friedrich zog diese schwierigen Tage durch.

Nach einer Reihe von Wochen wurde er wieder entlassen und kam zu uns zurück. Aber es dauerte nicht lange, bis er uns doch verlassen wollte. Natürlich schwang bei mir die Angst mit, er könnte wieder rückfällig werden. Da er aus Bremerhaven stammte, wollte er dorthin. Bekannte bauten Kontakt zu ihm auf.

Mich stimmten seine Pläne, bei uns auszuziehen, traurig und ich hoffte sehr, dass Friedrich nicht wieder rückfällig würde. Wir hielten es für besser, wenn er bei uns geblieben wäre, zumal er in unserer Gemeinde einige Freunde gefunden hatte.

Er aber packte seinen Koffer und Rucksack und trat dann die Reise in den Norden an. Meine Gebete begleiteten ihn. Ich dachte nur: Hoffentlich landet er dort nicht wieder in seinem Elend. Nach und nach brach der Kontakt zu ihm ab.

Aber dann durfte ich eine wunderbare Erfahrung machen. Im Gespräch mit einem Pfarrer, dem wir auf einer Tagung zufällig begegneten, erfuhren wir, dass Friedrich jeden Sonntag seinen Gottesdienst besucht. Er hatte sich sogar gemeldet, in einer Behindertenwerkstatt ehrenamtlich den Jugendlichen beizustehen. Auch zu einem Glaubenskurs hatte er sich im Pfarramt angemeldet. Diese Nachrichten machten mich natürlich sehr glücklich und ich wurde an ein Wort von Friedrich von Bodelschwingh erinnert. „Gottes schöpferische Barmherzigkeit kann das Leben wecken, wo uns alles tot scheint."

Unsere Bedürftigkeit

In unserem Haus haben wir einen geistig etwas schwachen Menschen aufgenommen. Erich ist sein Name. Er wohnt direkt unter uns. An einem wunderschönen Sonntagnachmittag höre ich, wie jemand heftig mit Fäusten an seine Tür boxt. Dann brüllt der Besucher noch laut los, dass sein Schreien bis in die Nachbarschaft dringt. Mich reißt dieses Gebrüll fast vom Sessel. Ich gehe auf die Terrasse und will sehen, wer solch einen Krawall macht. So spreche ich den Randalierer an: „Haben Sie ein Problem? Zu wem möchten Sie denn. Sie können gerne zu uns herauf kommen, wenn Sie uns eine Nachricht für jemanden hinterlassen wollen. Wahrscheinlich ist unser Untermieter nicht zu Hause."

„Hier kann mir ja keiner helfen; denn bei Ihnen wohnen ja nur lauter Verrückte."

„Hallo, was reden Sie nur für dummes Zeug! Wie können Sie Menschen nur so niederträchtig herabsetzen? Wissen Sie denn nicht, dass wir alle nicht ganz normal sind und jeder so seine Macken hat? Hören Sie sofort mit solch hässlichen Beleidigungen auf, denn ich stehe zu meinen Mitbewohnern. Helfen Sie lieber denen, die Ihre Unterstützung und Liebe brauchen. Das tue ich auch."

Der junge Mann dreht sich spontan auf dem Absatz herum und verlässt unser Haus. Wer er ist, das weiß ich nicht. Diese Begegnung lässt mich noch lange über das Wort nachdenken, das ich heute Morgen in Sprüche 17,5 gelesen habe: „Wer dem Geringen Gewalt antut, der lästert desselben Schöpfer; aber wer sich des Armen erbarmt, der ehrt Gott." Hat unser Herr nicht gerade die zu seinen Lieblingen erklärt, die seiner Hilfe bedürftig sind? Der große dänische Philosoph Sören Kierkegaard hat recht, wenn er uns diesen wichtigen Ausspruch sagt: „Das ist des Menschen höchste Vollkommenheit, dass er Gottes bedürftig ist."

Unsere beiden Adoptivkinder

Wolfgang Schäfer berichtet:
Als ich meine Frau Maria heiratete, hing der Himmel für mich voller Geigen. Unsere Hochzeit war vom Glanz der gegenseitigen Treue und Liebe überstrahlt. Beruflich ging es mir gut, und als Lehrer verdiente ich nicht schlecht. Maria arbeitete als ausgebildete Krankenschwester in einer Klinik. So war es uns möglich, schon in den ersten Jahren unserer Ehe ein Grundstück zu kaufen und nach einigen Jahren darauf ein Haus zu bauen. Wenn ich vom Unterricht nachmittags nach Hause kam, ging ich im Sommer oft in unseren großen Garten. Blumen und Gemüsebeete legte ich an, ein Teil war als Rasenfläche und Spielplatz für unsere Kinder gedacht, die wir uns so sehr wünschten. Ein kleines Stück Land sollte mein Werksgelände sein, wo ich Holz hacken und an meinem Auto herumbasteln konnte. Ich hatte nämlich von klein auf meinem Großvater – er war Schlosser – zugeschaut, wenn

er den Rasenmäher reparierte, die Sense schärfte oder für meine Mutter den Staubsauger wieder zum Laufen brachte. In Gedanken hatte ich den Spielplatz für die Kinder schon genau geplant. Einen Sandkasten würde ich bauen, in der Mitte des Rasens die Hüpfburg aufbauen und in der Nähe des Gartenzauns eine Schaukel errichten und dazu ein kleines Karussell. Wie lustig würde es sich drehen und die Kleinen zum Jauchzen bringen.

Aber leider erfüllte sich unser Kinderwunsch nicht. Jahr um Jahr warteten wir vergeblich. Das hat mich oft bedrückt. Wir beteten leidenschaftlich zu Gott, doch leider ohne Erfolg. Ich erinnerte mich an meine eigene Kinderzeit. Mit meiner Schwester und einigen Kindern aus der Nachbarschaft tollten wir oft in unserem etwas verwilderten Garten herum. Als wir sechs oder sieben Jahre alt waren, bekam ich einen richtigen Fußball zum Geburtstag geschenkt. Nun wurden mit ein paar Steinen zwei Tore markiert und begeistert waren wir bei diesem frohen Spiel. Längst brauchte unser Vater den Rasenplatz nicht mehr zu mähen. Unser Hin-und-her-Trippeln ließ keinem Grashalm eine Chance.

Wenn der Ball im Tor gelandet war, ertönte ein lautes „Tooor“ aus unserem Mund.

Aber ich habe nicht nur Fußball gespielt, sondern auch gern gelesen. Vor allem die spannenden Bücher von Karl May und natürlich Grimms Märchen. In einem Jahr bekam ich zu Weihnachten ein Buch mit dem Titel „Wie zwei Kinder eine neue Heimat fanden“ geschenkt. Es war sehr interessant geschrieben, aber am Anfang auch recht traurig. Ich hockte auf dem Teppich im Wohnzimmer und die Tränen liefen mir über die Wangen. Mutter merkte das und nahm mich in die Arme. „Was ist denn los mit dir, mein kleiner Schatz? Warum weinst du und bist so traurig?“, fragte sie besorgt.

„Mama, stell dir vor, die beiden Geschwister Gertrud und Johannes haben ihren Vater bei einem Unfall verloren.“

„Ja, das ist schlimm“, versuchte mich Mutter zu trösten. „Aber weißt du, Wolfgang, wer Jesus als Heiland in sein Leben aufgenommen und mit ihm gelebt hat, der bleibt nicht im Tod. Er wird aus dem Grab auferweckt und kommt in den Himmel zu Jesus. Der Heiland ist ja selbst am Kreuz gestorben, das habe ich dir doch schon erzählt. Und am

Karfreitag, als Jesus sein Leben auf Golgatha aushauchte und die gaffende Menge unter dem Kreuz stand, Jesus verspottete und höhnende Worte über ihn aussprach, hatte Gott schon den wunderbaren Ostermorgen im Sinn und hat ihn auferweckt. Neues Leben im Himmel hat der Gottessohn erfahren dürfen. Das ist das schönste und wunderbarste Ereignis, das Jesus geschenkt wurde. Mein lieber Wolfgang, du musst nicht so traurig sein, sondern freu dich über die große Tat Gottes an seinem Sohn. Der Himmel steht für jeden offen, der dem Gottessohn nachfolgt und ihn liebt." Ich schluchzte noch ein wenig und wischte mir dann die letzten Tränen von den Wangen.

Als ich in dem Buch weiterlas, erfuhr ich, dass in dieser Familie noch ein weiteres schreckliches Ereignis eintrat. Die Mutter wurde schwer krank und musste mit dem Notarztwagen in die Klinik gebracht werden. Leider konnten sie die Ärzte nicht heilen, und nach nur wenigen Tagen starb sie. Gewiss, die Geschichte vom Himmel, in den Jesus die Menschen holt, wenn sie an ihn glauben, tröstete mich ein wenig, aber trotzdem lag eine schwere Last auf meinem

Herzen und ich musste wieder weinen. Es war nun sehr leidvoll für die beiden Waisenkinder, ohne Eltern aufzuwachsen. Eine Zeit lang kamen sie in ein Heim. Doch da blieben sie nicht lange. Beide Kinder fanden wunderbare Pflegeeltern, die sie später sogar adoptierten.

An diese beiden Kinder – Gertrud und Johannes – erinnerte ich mich, als bei uns Jahr um Jahr der Kindersegen ausblieb. Wir baten auch Gott, uns in unseren Entscheidungen recht zu leiten. Eines Tages verlor Maria ihre Arbeitsstelle als Krankenschwester. Aus betrieblichen Gründen wurde ihr gekündigt. Das war ein schwerer Schlag für uns, denn nun blieb uns nur noch die Hälfte des Geldes im Portemonnaie. Aber oft ist es so bei Gott. Wenn er eine Tür zuschlägt, öffnet sich eine andere. In der Kinderklinik unserer Stadt wurden dringend Krankenschwestern gesucht. Meine Frau bewarb sich und wurde angestellt. Darüber waren wir beide sehr froh. Maria hatte nämlich ein Herz für Kinder, und das merkten auch die kleinen, leidenden Würmchen.

Ein Kind schloss Maria besonders in ihr Herz, die kleine Julia. Sie erhielt nie Besuch und freute sich, wenn meine Frau an ihr Bettchen trat. Dann hüpfte und tanzte sie vor Glück. Julia wurde auch bald wieder gesund und sollte entlassen werden. Aber da sie kein Zuhause hatte, nahmen wir sie in unsere Familie auf. Später gelang es uns tatsächlich, die Kleine zu adoptieren. Julia fühlte sich so, als sei sie die Goldmarie wie im Märchen. Sie hatte nun wie die anderen Kinder in ihrer Klasse Vater und Mutter.

Und noch ein wunderbares Ereignis trat ein. Julia sollte kein Einzelkind bleiben. Ein Jahr darauf wurde uns ein kleiner kranker Junge gebracht. Martin war sein Name. Die alleinerziehende Mutter war alkoholgeschädigt und konnte für ihren Sohn nicht mehr sorgen. Auch der kleine Martin durfte von uns adoptiert werden, und wir wunderten uns, wie schnell das Jugendamt und das Familiengericht alles in die richtigen Bahnen lenkten.

Maria und ich sahen es als Gottes Fügung an, dass wir nun zwei Kinder adoptieren konnten, da uns eigener Nachwuchs versagt geblieben war. In unserem Haus zog fröhliches Leben ein. Jetzt konnte ich wirklich den Spielplatz auf unserem Grundstück einrichten. Dabei gingen meine Gedanken zurück an meine Kinderzeit und ich erinnerte mich besonders an das Buch, das mich so zu Tränen gerührt hatte. „Wie zwei Kinder eine neue Heimat gefunden haben", das war in meinem Leben nun wahr geworden.

Ich machte mich auf die Suche und fragte in den Buchhandlungen nach diesem Buch. Leider konnte ich es nirgends entdecken. Aber eine Mitarbeiterin aus der Stadtbücherei hörte von meinem Begehren und machte es ausfindig. Sie händigte es mir aus, und ich las es nun zum zweiten Mal, diesmal natürlich mit neuen Augen und großem Gewinn. Der letzte Satz war für mich bedeutungsvoll. „Ja, oft schickt der liebe Gott den Menschen ein Unglück, das ihnen in Wirklichkeit zum Glück und zum Segen wird." Ich kann diese Erfahrung nur bestätigen. Unsere beiden Adoptivkinder, die behindert waren, entwickelten sich trotz ihrer Erkrankung gut. Unsere Tochter war als kleines Mädchen an Hirnhautentzündung erkrankt und hatte in ihrem Kopf eine schwere Schädigung erlitten. Rechnen, Lesen und Schreiben hat sie nie lernen können. Aber sie hatte geschickte, flinke Hände. Als sie die Förderschule durchlaufen hatte, erhielt sie einen Arbeitsplatz in einer Behindertenwerkstatt. Sie blieb bei uns im Haus wohnen und wir richteten ihr ein sehr schönes Zimmer ein. Heute ist sie 42 Jahre alt. Viel Spaß hat sie an ihren Haustieren: zwei Hunde, drei Katzen, drei Kaninchen und eine Landschildkröte. Der Tierschutz liegt ihr sehr am Herzen und mit meiner Frau engagiert sie sich im Tierschutzverein. So hat sie eine wertvolle Aufgabe gefunden.

Unser Sohn hat beruflich vom Fleischverkäufer zum Gabelstaplerfahrer gewechselt. So war er auch in der Lage, eine Familie zu gründen. Seine Frau stammt aus Polen und die beiden haben zwei Kinder. Nun bin ich schon Großvater und mit meinen beiden Enkeln überaus glücklich. So ist mein Leben mit unsern beiden Adoptivkindern sehr reich geworden.

Christinchen

Während meiner Schulzeit besuchte ich bis zu meinem Abitur fast jede Woche eine schwer geschädigte Familie in einem Nachbardorf. Jedes Mal ging ich voller Bangen dahin. Vor allem die Mutter war jähzornig und sehr böse. Manchmal hatte sie auch gute Tage, dann war ich froh und hatte auch keine Angst. Im Nachhinein weiß ich, dass diese Mutter psychisch krank und aggressiv war. Einmal zog sie während meines Besuches einen Kochtopf vom Herd und wollte ihn mir an den Kopf werfen. Schnell duckte ich mich und die heiße Suppe landete auf dem Fußboden. Fluchtartig verließ ich das Haus. Aber diese hässliche Erfahrung hat mich nicht von meiner Aufgabe abgehalten, in der nächsten Woche wieder meine blinde Freundin und ihr schwer geschädigtes Schwesterchen zu besuchen.

Christinchen war etwa acht Jahre alt, aber in ihrer Entwicklung war die Kleine stark zurückgeblieben. Zart war ihr Körperchen und ihr Verhalten wies geistige Schädigungen auf. Sprechen lernte Christinchen nie, sondern sie konnte nur etwas lallen. Aber es war ein so liebenswertes Kind. Wenn ich in der Küche erschien, dann war die Freude groß und sie schlug mit ihren Händchen wie wild um sich. Dabei stieß sie unverständliche Laute aus. Kaum hatte ich mich auf den Stuhl gesetzt, dann hüpfte sie mir schon auf den Schoß. Ich spielte dann mit ihr „Hoppa, hoppa Reiter“ oder wiegte sie liebevoll in meinen Armen. Gern sang ich ihr auch Kinderlieder vor. Wenn die letzte Strophe verklungen war, wurde sie sehr unruhig und bewegte ihre dünnen Ärmchen kräftig hin und her. Ich wusste genau, was Christinchen wollte: „Sing weiter, sing noch ein Lied.“ Dann sang ich ihr „Gott ist die Liebe“ und „Weil ich Jesu Schäflein bin“. Ich faltete auch ihre Händchen, wenn ich sie begrüßt hatte, und betete:

„Ich bin klein, mein Herz mach rein.
Soll niemand drin wohnen als Jesus allein.“

War das Wetter schön und schien die Sonne, dann zog ich ihr das Mäntelchen an und wir gingen spazieren. Die Wege über die Wiesen an der Fulda entlang liebte sie sehr.

Dann hüpfte und tanzte sie an meiner Seite. Manchmal pflückten wir auch einen Strauß Wiesenblumen, vor allem Gänseblümchen und Löwenzahn. Daheim stellte ich die Blumen in kleine Väschen.

Als ich dieses schwache Kind kennenlernte, bat ich Gott darum, mir Liebe für dieses behinderte Mädchen zu schenken, denn es tat mir leid, dass wir uns nicht unterhalten konnten. Einmal habe ich versucht, ihr einige Worte beizubringen: Mama, Lotte und Oma. Aber sie war nicht in der Lage, mir diese Laute nachzusprechen. Was sie im Laufe meiner Besuche gelernt hat, war, dass sie z. B. die Melodien etwas summen konnte, auch wenn sie nicht immer harmonisch klangen.

Leider gingen die zwei Stunden immer viel zu schnell vorüber. Holte ich meine Jacke und wollte gehen, dann hängte sie sich an meinen Rockzipfel und zog mich fest an sich. So drückte ich die Kleine fest an mich und gab ihr ein Küsschen auf die Stirn.

Ich kann gar nicht sagen, wie oft ich in dieser Familie war. Aber nach sechs Jahren musste ich dann von Christine Abschied nehmen, denn mein Weg führte mich zum Studium nach Marburg.

Später hörte ich, dass sich das Jugendamt um dieses Kind weiter kümmerte. Die Betreuerin sah das Elend in dieser Familie und wollte der Kleinen eine bessere Förderung zukommen lassen, nachdem auch ihre blinde Schwester zur Ausbildung nach Frankfurt gegangen war. Bei der Mutter wollte das Jugendamt das behinderte Mädchen nicht lassen. So kam Christine in eine gute soziale Einrichtung. Leider blieb ihr kein langer Aufenthalt in Hephata vergönnt. Nach einer schweren Lungenentzündung hielt ihr zartes Körperchen diese Krankheit nicht durch und Gott holte Christine in seine neue himmlische Welt heim.

Die Nachricht von ihrem Tod machte mich sehr traurig. Aber vergessen habe ich dieses liebenswerte, sprachlose Mädchen nicht. Mich tröstet Jesu Wort: „Lasset die Kindlein zu mir kommen und wehret ihnen nicht; denn ihnen gehört das Himmelreich."

Adresse:
Lotte Bormuth
Sperberweg 8a
35043 Marburg
Tel. 06421/41347